監修者――木村靖二／岸本美緒／小松久男／佐藤次高

［カバー表写真］
ユリアヌス像
（パリ，ルーブル美術館）

［カバー裏写真］
ユリアヌスが赴任したガリア，ヴィエンヌに残るローマ帝国時代の神殿
（フランス）

［扉写真］
ユリアヌス像
（パリ，ルーブル美術館）

世界史リブレット人**8**

ユリアヌス
逸脱のローマ皇帝

Minamikawa Takashi
南川高志

目次

「背教者」ユリアヌス帝とローマ帝国の運命

　四世紀は、西洋史上非常に重要な時期である。この世紀のうちに、長く繁栄を誇ってきたローマ帝国は急速に衰退し、ついには東西に分裂してしまった。また、ローマ帝国の衰退に歩調を合わせるように、西洋中世社会の担い手となる人々の集団が、ドナウ・ラインの両大河をわたって続々移動を始めた。五世紀後半に最終的に消滅するローマ帝国西半部分(西ローマ帝国)の命運は、すでにこの四世紀に定まっていたといってよい。

　さらに、長らくローマ帝国政府から禁じられ迫害されてきたキリスト教が、ローマ皇帝から公認され、支援され、ついには「国教」になったのも、四世紀のできごとである。西洋史上、否、現在にいたるまでの世界の諸地域におけるキリスト教の重要性を考えるならば、この世紀にキリスト教が世界帝国ローマの宗教とされたことの意義はとてつもなく大きい。

ところで、こうした意義深さを念頭にこの世紀をみるならば、重要人物としてただちに思い起こされるのは、ローマ帝国を三世紀の危機から立ちなおらせ、キリスト教を公認したコンスタンティヌス大帝▲、あるいはキリスト教を「国教」に定め、単一の皇帝権のもとにローマ帝国をまとめあげた最後の皇帝たるテオドシウス大帝▲であろう。両人とも「大帝」と呼ばれているのは、いうまでもなくキリスト教会への貢献のゆえである。

これに対して、本書が取り上げるのは、キリスト教の発展を押しとどめ、衰退しつつあったギリシア・ローマ風の伝統宗教▲を復興しようとして、のちにキリスト教会から「背教者」と呼ばれるにいたったローマ皇帝ユリアヌス（在位三六一〜三六三）である。ユリアヌスは、皇帝になって治世わずか一年八カ月で戦死した。コンスタンティヌス大帝やテオドシウス大帝に比べれば残した事績はあまりにも少なく、四世紀の一つのエピソードとされてもおかしくない皇帝である。事実、中世には悪しき人物として否定的に取り扱われた。

▼コンスタンティヌス大帝（コンスタンティヌス一世、在位三〇六〜三三七）　ローマ皇帝。三一二年にミルウィウス橋の戦いでマクセンティウスを破って、ローマ帝国西半の統治者となり、東半の統治者リキニウスとの会談後に、キリスト教信仰を公認するミラノ勅令を発布した。三二四年に不和となったリキニウスと戦って勝利し、ローマ帝国の唯一の皇帝となった。図はカピトリーニ美術館所蔵のもの。

▼テオドシウス大帝（テオドシウス一世、在位三七九〜三九五）　ローマ皇帝。三七八年のアドリアノープルの戦いでのローマ軍の大敗北後に即位し、帝国東半の安定に努めた。三八〇年にキリスト教を帝国の「国教」とする旨の勅令を発布し、その

しかし、コンスタンティヌス大帝の甥として生まれながら孤独で幸薄い幼少年期を過ごし、数奇な運命で皇帝にまでなり、そして三〇歳あまりの若さで砂漠のなかの対ササン朝ペルシア戦線に散ったこのユリアヌスは、近世になると異なった見方で作家や歴史家によって取り上げられるようになった。興隆しつつあるキリスト教を抑えて伝統宗教を復興させようと孤独な戦いをしたことも、作家や歴史家が注目した大きな理由である。

ユリアヌスは、皇帝在位期間は短いが、ローマ皇帝としてはただ一人、書き物が多く現在まで伝わっている。詩や演説・書簡・論文などが残されており、皇帝本人の語りを聞くことができるめずらしいケースである。もっとも、その語りをそのまま事実経過の真正な説明と受け取ってよいかどうかは別の問題である。さらに、ユリアヌスの生きた時代については、アンミアヌス・マルケリヌス▲が書いたラテン語の史書『歴史』があり、きわめて価値の高い作品と評価されているが、史家アンミアヌスはユリアヌスを英雄視しているので、その記述を全面的に信頼してよいか、疑問がある。こうして、第一等史料があるにもかかわらず、ユリアヌスの実像を結ぶのは容易ではない。

翌年にはコンスタンティノープルで公会議を開いて、三二五年のニカイア公会議の立場を正統信仰とすることを確認した。

▼ギリシア・ローマ風の伝統宗教 古代ギリシア人やローマ人が信仰していた宗教にはキリスト教のような経典がなく、犠牲獣を捧げる儀礼に参加することが重要であった。キリスト教徒側からは「異教」と呼ばれるが、本書では「異教」という呼称を使用せず、「伝統宗教」という呼び方を用いる。

▼アンミアヌス・マルケリヌス（三三〇頃〜三九五頃）　ローマ時代の史家。シリアのアンティオキアの出身で、ローマ帝国の軍人として活躍したのち、タキトゥスの史書のあとを受け、九六年から同時代までの歴史をラテン語で書いた。しかし、多くの部分が失われ、現在は三五三年以後をあつかった巻を残すのみである。

近代以降、キリスト教会の社会的な影響力が減少していくと、「背教者」ユリアヌスの評価は変わり、作家や歴史家はこの皇帝を同情的にあつかうことが多くなった。薄幸の幼少年時代、孤独な青年時代、無理強いされた副帝・皇帝▲就任、強い抵抗を受けた伝統宗教復興、そして砂漠での戦死など、彼の生涯の悲劇的な側面が強調され、強大なローマ皇帝権力や興隆するキリスト教会などに対して孤独な戦いをしいられた不運な人物とみなすことが一般的となった。わが国の辻邦生▲の小説『背教者ユリアヌス』もこの立場から書かれている。ところが、アメリカの歴史学者グレン・バワーソック▲は一九七八年の著作で、史料の再解釈を踏まえ、こうしたユリアヌスに同情的な立場から転じて、この人物の主体性を強調し、副帝としての活動を好戦的とみなし、皇帝宣言も当人の積極的な意志のもとになされたと論じた。この見解の影響力は今日の学界でも継続している。ユリアヌスの実像はどのように理解されるべきだろうか。

この書物では、ユリアヌスの生涯をたどりながら、四世紀のローマ帝国という時代背景のなかで、その行動と考え方を明らかにしてみたい。とくに副帝となって以降、ユリアヌスが幾度も経験する「逸脱」が、当時の帝国の統治体制

▼副帝・皇帝　「副帝」のラテン語原語は「カエサル」で、帝政成立以降、皇帝家の男子に与えられた尊称である。二世紀以降、帝位継承候補者に与えられ、三世紀には事実上副帝を意味するようになった。これに対して、オクタウィアヌスに与えられた尊称「アウグストゥス」が本来の皇帝、つまり「正帝」を意味するようになった。

▼辻邦生（一九二五〜九九）　日本の小説家。『背教者ユリアヌス』（七二年）ほか、『廻廊にて』（六三年）、『夏の砦』（六五年）、『安土往還記』（六八年）、『天草の雅歌』（七一年）、『嵯峨野明月記』（七一年）、『春の戴冠』（七七年）、『西行』（九五年）など、日本とヨーロッパの両方を舞台にした小説を数多く発表した。

の実態やローマ皇帝という存在の本質を浮かびあがらせるだろう。ユリアヌスはキリスト教から離れて伝統宗教の復興を試み、帝国によるキリスト教会の保護・支援をとめたために、のちにキリスト教会から「背教者」と呼ばれ、中世では悪魔のごとくみられた。こうしたユリアヌスの施策について、彼自身の書き残したものから個人の思想、とくに宗教思想を明らかにすることが重要な作業であるが、この書物ではその分析は最新の研究▲を踏まえながらごく簡単にふれるにとどめ、伝統宗教復興の問題も、彼の統治者としての政治行為のなかで考えてみることにする。副帝就任後のユリアヌスは、宗教者ではなく、まずは統治者だった。この書物は、「背教者」としてではなく、四世紀という世界史上で重要な時代に、ローマ帝国の統治に与《あずか》った皇帝として、ユリアヌスを描こうとする試みである。

▼グレン・バワーソック（一九三六〜　）　ハーバード大学教授、プリンストン高等研究所教授などを務めたアメリカの歴史学者。『背教者ユリアヌス』（七八年）以外に、ローマ帝国時代のギリシア的東方の文化史的研究などで優れた成果をあげた。ピーター・ブラウン教授が唱えた新しい歴史解釈である「古代末期」論の強力な支持者でもある。

▼ユリアヌスの宗教思想の研究
ユリアヌスのいだいた宗教思想を、ギリシア哲学やキリスト教、さらにミトラス教などとの関係を踏まえて解き明かす研究が古くからさかんになされている。本書末尾の参考文献の中西恭子氏の論文を参照されたい。

①―コンスタンティヌス大帝のローマ帝国

三世紀の危機

　二世紀に平和と安定を享受したローマ帝国は、三世紀に入るとさまざまな面で混乱に直面することになった。とくに、二三五年にセウェルス朝▲の皇統が断絶して以降、帝国各地に駐留するローマ軍が自分たちの指揮官を皇帝に推戴して相争う事態となった。皇帝に推《お》された人物はたたきあげの軍人が多かったから、二三五年から五〇年間ほどの期間は、軍人皇帝時代と呼ばれている。

　この約五〇年のあいだに、ローマ市の元老院が承認した皇帝だけでも、その数二六人もいた。彼らの多くが、対立皇帝との戦闘や対外戦争で命を落としている。このように皇帝が次々とかわることになって、帝国統治の連続性が失われ、また戦乱は経済活動を沈滞させた。帝国内での争いのあいだに、北と東から外部勢力がしばしば帝国領に侵入するようにもなった。

　さらに、三世紀の後半になると、現在のフランスやドイツ西部に相当するガリア地方の軍が独自に皇帝を推戴してローマ帝国から分離し、「ガリア帝国▲」

▼セウェルス朝（一九三～二三五年）　一九三年にセプティミウス・セウェルスが帝位に就いて以降、二三五年にアレクサンデル・セウェルス帝が殺害されるまで続いたローマ帝国の皇帝家。

▼ガリア帝国（二六〇～二七四年）　三世紀のガリアで時のローマ皇帝に反乱し、地域の統治権を樹立した勢力。二六〇年にポストゥムスが皇帝を僭称して自立し、独自の国家機関や役職を設けた。数代の皇帝にわたって継続し、ガリアを中心にライン川以西の広い地域の支配権を保持したが、二七四年にローマ皇帝アウレリアヌスに滅ぼされた。

を建てた。東方の隊商都市パルミラ▲も、事実上ローマ皇帝政権から独立し、帝国の東方領土を広く支配するほど大きな勢力をもつようになった。北アフリカなどの属州では都市が繁栄を続けていたが、ローマ帝国全体としては、皇帝が乱立し領内に分離国家ができるなど、中央集権的な統治が実施できなくなっており、また対外的にも防戦をしいられるなど、危機的状況にあった。しかし、こうした「三世紀の危機」と呼ばれる状況は、幾人かの軍人皇帝が分離国家を征服し、外敵を追い出す努力をしたことで、二八〇年代には解消した。

ディオクレティアヌス帝の帝国統治

三世紀の危機を最終的に克服した皇帝ディオクレティアヌス▲は、バルカン半島北部の出身で、軍人として出世し、二八四年に軍によって皇帝に推戴された人物であった。れっきとした軍人皇帝である。彼は、帝国領を統一して唯一の統治者となると、危機の時代に進行した統治の変化を受け止め、その対応をまとめあげた。

その一つは、「テトラルキア」と呼ばれる帝国領の分担統治の体制である。

▼パルミラ（パルミュラ）　ヘレニズム時代以降に隊商交易で栄えたシリア中央部の都市。ローマ帝国の宗主権下にはあったが、独立国家の状態にあり、三世紀後半の王オダエナトゥスのときには、ローマ皇帝から東方支配を委ねられて、シリア地方をこえて勢力範囲を広げた。彼の死後に権力を握った妻ゼノビアがローマ皇帝アウレリアヌスと争い、パルミラは二七三年には滅ぼされた。

▼ディオクレティアヌス（在位二八四～三〇五）　ローマ皇帝。一兵卒から身を立てて、皇帝となった。テトラルキアのほか、辺境防衛のための軍隊増強や新たな農業課税制度の実施など、帝国の立てなおしのための措置をおこなった。

これは、彼が副帝（カエサル）としていたマクシミアヌスを自分と同じ正帝（アウグストゥス）に昇格させ、さらに二人の正帝を支える副帝を二人任命して、四人で帝国を分担しようとするものであった。この策は、三世紀に頻発した帝国内の軍の反乱を防ぐとともに、帝国外部から敵の侵入があったときに迅速に対応できる体制を整えることを目的としたと一般に考えられている。ディオクレティアヌスは、帝国領の属州を細かく分割して、属州総督が反乱を起こすことのないようにもしている。

ディオクレティアヌス帝は三〇五年、即位二〇年を祝ったのち、自ら退位し、同僚の正帝マクシミアヌス▲も一緒に退位させた。二人の正帝が退位すると、副帝がそのまま昇格して正帝となり、まもなく新しい副帝が任じられた。この実践からわかるように、テトラルキアは後継者争いを未然に防ぐ仕組みでもあった。しかし、このような分担統治の仕組みを必要とした最大の理由は、三世紀のあいだに地域ごとの利害やアイデンティティが顕在化して、ローマ帝国の統合が弱体化したためと考えられる。

ところで、テトラルキアは思いのほか、保守的な仕組みでもあった。統治す

テトラルキアの分担

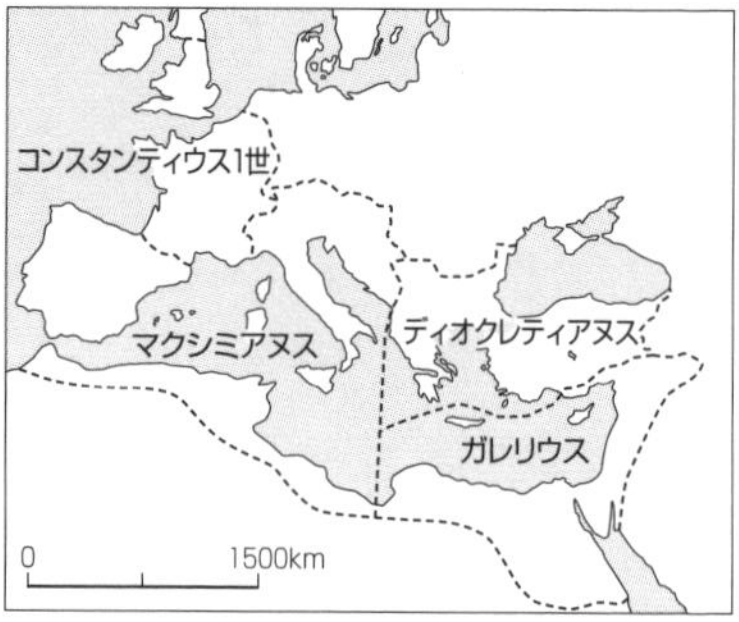

▼**マクシミアヌス**（在位副帝二八五～、正帝二八六～三一〇）　ローマ皇帝。ディオクレティアヌスの指名により副帝、ついで正帝となり、帝国西半を統治し、三〇五年にディオクレティアヌスとともに退位した。しかし、息子マクセンティウスが皇帝を僭称してから政界に復帰し、さらにコンスタンティヌス一世（のちの大帝）と結んで娘を嫁がせたが、のちに不和になり、コンスタンティヌスに攻められて自殺した。

テトラルキアの皇帝たちのつながり

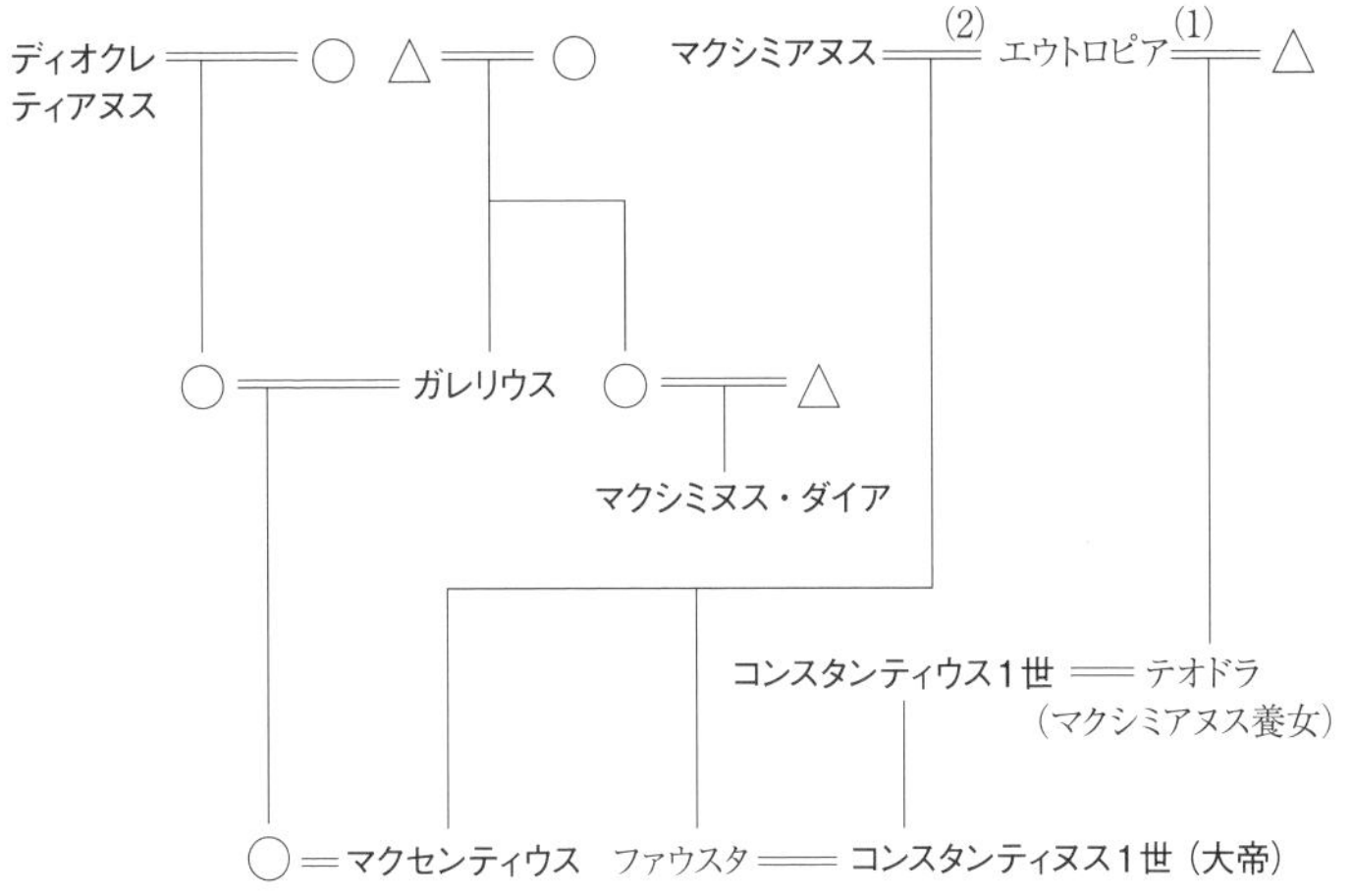

＊太字は皇帝, ○は女性, △は男性, 数字は同一人の結婚の順を示す。

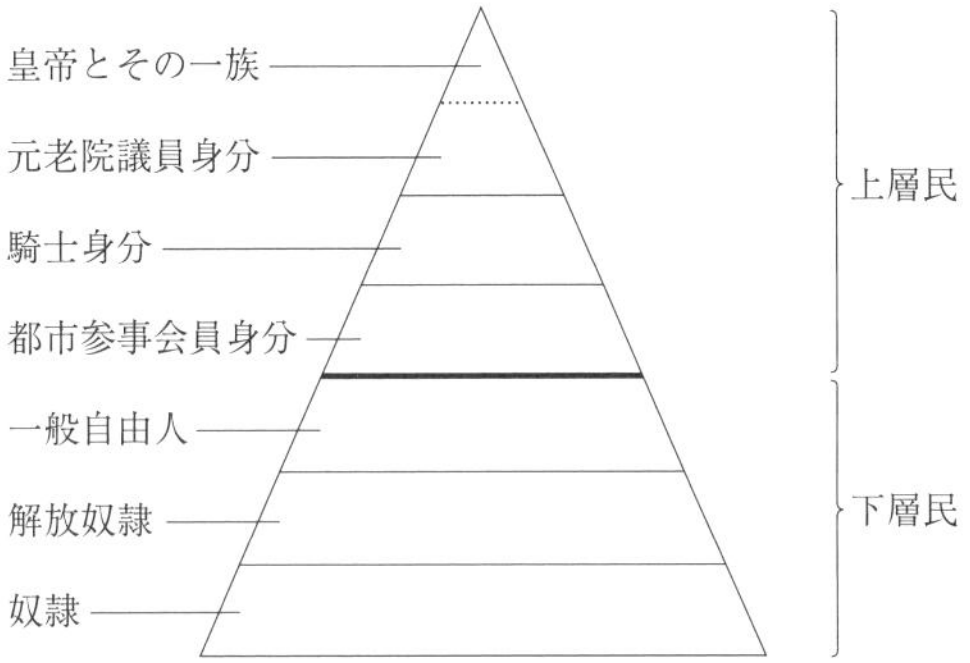

＊この図は階層構造をモデル的に示したもので,
人口の差異を示してはいない。

最盛期ローマ帝国の社会層

ローマ国家の政治機構で、共和政時代は貴族による集団統治の牙城であった元老院は、帝政に入ると皇帝の支配下で皇帝の帝国統治と協働する機関となった。その構成員である元老院議員は、定数六〇〇人で、家柄や財産資格が定められ、世襲身分とされた。しかし、ローマ帝国社会の最上層であることには変わりなく、高位の行政職や軍司令官職に就任した。社会的威望をもつ元老院議員なしでは、皇帝も帝国統治ができなかった。

ローマ帝政期に、元老院議員につぐ帝国第二の身分として定められた騎士身分は、帝国統治にあっては元老院議員の就く職よりも下位の軍務や行政の職を務めた。近衛軍の司令官や属州エジプト総督など皇帝直属の役職に就いたこともその特徴である。財産資格は定められていたが、軍の将校や中位の行政者、都市の有産層など広範囲な人々を含んでいた。

る四皇帝のうち、政策をつくり、決定し、命令するのは東半の正帝ディオクレティアヌスただ一人であり、ほかの三皇帝はその命令の執行者、指示の実践者にすぎなかった。しかも、正帝と副帝とは義理の親子関係をつくっていた。皇帝位世襲の原理を有していたわけである。ディオクレティアヌスの娘が副帝のガレリウス▲に嫁いでいたし、西半の副帝コンスタンティウス一世▲は、妻と離婚させられ、正帝マクシミアヌスの養女テオドラと再婚させられた。

ディオクレティアヌスのもう一つの重要な政策は、元老院議員を帝国統治から排斥したことである。伝統を重んじ、生まれ・家柄を重視するローマ人の社会にあっては、皇帝や帝国統治の要職に就く者は、長らくローマ市の元老院に籍をおく元老院議員だった。しかし、三世紀の危機のなかで、統治に関わる人材には家柄や伝統が優先されることはなくなった。軍事でも行政でも、元老院議員の次位に位置し、軍務や行政の職歴を重ねた騎士身分の人々が、その身分のまま頻繁に要職に就くようになった。ディオクレティアヌスはこの変化を極限まで推し進め、元老院議員を統治の要職から排除したのである。この体制は、同時に導入された皇帝を神のごとくあがめる儀礼（拝跪礼《はいきれい》▲）と合わせて、ローマ

▼**ガレリウス**（在位副帝二九三〜、正帝三〇五〜三一一）　ローマ皇帝。ディオクレティアヌスの副帝となり、キリスト教徒迫害をおこなわせたとされる。三〇五年から東半の正帝として活動し、死の直前にキリスト教徒に対する寛容令を出して、迫害を終わらせた。

▼**コンスタンティウス一世**（在位副帝二九三〜、正帝三〇五〜三〇六）　ローマ皇帝。コンスタンティヌス大帝の父。マクシミアヌス帝の副帝としてガリアやブリタンニアを統治し、マクシミアヌスの退位後に正帝に昇格した。しかし、その後、ブリテン島遠征の折にヨークで没した。

▼**拝跪礼**（跪拝礼）　アカイメネス（アケメネス）朝ペルシアの王に謁見する者が、ひざまずき平伏して挨拶する方法であるが、古代ギリシア人には隷従を示すものとして嫌悪され、アレクサンドロス大王がこれを導入しようとして反発をまねいたことがあった。ローマ帝国における拝跪礼の採用は、皇帝が元首政時代の「元老院の第一人者」ではなく、絶対的な権力をもつ「君主」となったこと

を示すものと一般に理解されている。

皇帝を帝国社会の最上層である元老院議員階層から遊離させ、専制君主の性格をおびさせた。皇帝は、直属の部下、官僚や宦官などの側近に支えられて政治を執る君主となったのである。

コンスタンティヌス一世の勝利

三〇五年、ディオクレティアヌスとともに西半の正帝マクシミアヌスも退位すると、副帝コンスタンティウス一世が西半の正帝となった。しかし、彼はブリテン島に遠征して、三〇六年にイングランド北部の町ヨークで世を去った。三〇五年に実践されたテトラルキアの帝位継承方式に従えば、コンスタンティウス一世にかわる西半の正帝位には、副帝のセウェルス▲が就くはずだった。ところが、軍がコンスタンティウス一世に付き従っていた息子のコンスタンティヌス一世を皇帝に宣言してしまったので、面倒なことになった。東半の正帝ガレリウスはこれを認めず、その裁定によりセウェルスが正帝となり、コンスタンティヌス一世は副帝とされたが、このために、退位していた正帝マクシミアヌスの息子マクセンティウス▲がイタリアで正帝と宣言され、マクシミアヌス自

▼**セウェルス**(在位副帝三〇五〜、正帝三〇六〜三〇七)　ローマ皇帝。ドナウ沿岸属州の下層の出身。コンスタンティウス一世(大帝の父)の副帝となり、その死後正帝に昇格したが、帝位を僭称したマクセンティウスと戦って死亡した。

▼**マクセンティウス**(在位三〇六〜三一二)　ローマ皇帝位僭称者。正帝だった父マクシミアヌスが退位したあと、三〇六年に帝位を称し、イタリアや北アフリカを支配下においた。三一二年、父マクシミアヌスを死に追いやったコンスタンティヌス一世とローマ市で戦った(ミルウィウス橋の戦い)が、敗死した。

身まで復権をかけて活動しはじめた。

混乱が深まって戦いとなり、東半の正帝ガレリウスは対応しきれず、三〇八年には隠居していたディオクレティアヌスが呼び出されて、調停のための協議▲を開いたが、それでも混乱は解決をみなかった。結局、こののち長い期間、いくたびもの戦いをへて、コンスタンティヌス一世が勝ち抜き▲、三二四年にローマ帝国の単独皇帝となった。

▼**調停のための協議**　協議は、ウィーン東方、ドナウ河畔のカルヌントゥムで開かれて、復権を試みていたマクシミアヌスがふたたび退位をさせられ、正帝と宣言されたコンスタンティヌス一世も副帝とされた。また、新たにリキニウスが正帝とされた。

▼**長い戦い**　三〇八年の協議後も争いが続き、コンスタンティヌス一世はまずマクセンティウスを三一二年に打倒して帝国の西半を手に入れ、帝国の東半を支配下においたリキニウスと三二四年に決戦におよんで、勝利をおさめ、ついに唯一の統治者となった。

コンスタンティヌス大帝のローマ帝国

この最終勝利者をここから、コンスタンティヌス一世ではなく、コンスタンティヌス大帝と表記することにしよう。最後の決戦がなされたのは、三二四年のことである。彼がブリテン島で皇帝に宣言されたのが三〇六年であるから、じつに一八年間も彼は戦い続けてきたのであった。この間、ガリア・ブリテン担当の副帝から帝国西半の正帝、そして帝国全土の統治者へと力のおよぶ範囲を広げていったが、権力を確保するため、その都度コンスタンティヌス大帝は試行錯誤をしなければならなかった。その結果、彼の統治は、ディオクレティアヌス帝のそれとは異なる性格のものとなった。

　大帝は、ディオクレティアヌスの方針を変えて、元老院議員を政治の場にもどしたのである。騎士身分の就くポストを元老院議員の就くものに変え、騎士身分を事実上、元老院議員身分に昇格させた。このあと、騎士身分自体は減退して、四世紀の末には消滅してしまう。三世紀全般にわたって継続した「騎士身分の興隆」現象は、ディオクレティアヌス帝治世までで終わったのである。コンスタンティヌスは権力を求めて長らく帝国西半で戦っていたときに、地域に根ざした元老院貴族の力を深く認識し、彼らを自身の統治に用いることにしたと考えられる。大帝治世、あるいは次のコンスタンティウス二世のときに、コンスタンティノープル▲にも元老院が設置され、四世紀をつうじて、ローマ帝国の支配階層としての元老院貴族が拡充していくことになる。

　もっとも、元老院議員の数がふえ、また彼らは帝国西半と東半とで政治的社会的な背景を著しく異にしていた▲。東半では雑多な人々がこの身分に組み込まれたのである。数が少なく社会階層として凝集性をもちえた帝政前期の元老院議員とは違ったのである。皇帝は、元老院議員と協働した帝政前期と異なり、

▼コンスタンティノープル　ギリシア人の植民市であったビュザンティオンは、ローマ帝国時代にビザンティウムとして繁栄していたが、コンスタンティヌス大帝はこの町に自分の名にちなんだ名を与え(コンスタンティノポリス)、教会などを建てた。しかし、その後の皇帝はこの町にかならずしも定住せず、テオドシウスになってようやく皇帝の定住地となり、城壁も建設されて、首都らしい町となった。

▼コンスタンティノープルの元老院　コンスタンティウス二世の治世に、元老院の所属に居住地の地理的原理が持ち込まれ、ローマ市の元老院に所属していた者が一部、コンスタンティノープルの元老院に所属替えになった。ただ、伝統ある家系の貴族が多いローマ市の元老院所属者に比べて、コンスタンティウス二世治世末期に議員数が急増したコンスタンティノープルの元老院の所属者には、伝統ある貴族は少なく、雑多な人々が登録されていた。

官僚や宦官に一部の有力元老院貴族を加えた側近政治で巨大帝国の統治をおこなっていくことになる。

コンスタンティヌス大帝の政治がディオクレティアヌス帝ともっとも異なるのは、キリスト教に対する対応である。ディオクレティアヌス帝は最後のキリスト教徒大迫害を実行したとして有名である。実際に迫害を主導したのは副帝ガレリウスともいわれるが、ディオクレティアヌス帝がキリスト教徒を受け容れなかったことは間違いない。一方、コンスタンティヌス大帝は、キリスト教の信仰を公認し、そればかりか教会に有利なように施策をおこない、三二五年にはニカイアで公会議を開いて、教義論争の調停にまで乗り出した。これによって、キリスト教会は帝国政治に足場をえて、一挙に勢いを増すことになる。

大帝は、古代ギリシア以来の都市ビザンティウム(ビュザンティオン)に自身の名前を冠してコンスタンティノープル(コンスタンティノポリス)とし、帝国の代表的都市になるように整備しはじめた。このことは、大帝がキリスト教になじまないローマ市を去って新しい首都を求めた、と解釈されることもあった。しかし、今日の学界では、「三三〇年、ローマからコンスタンティノープルへ

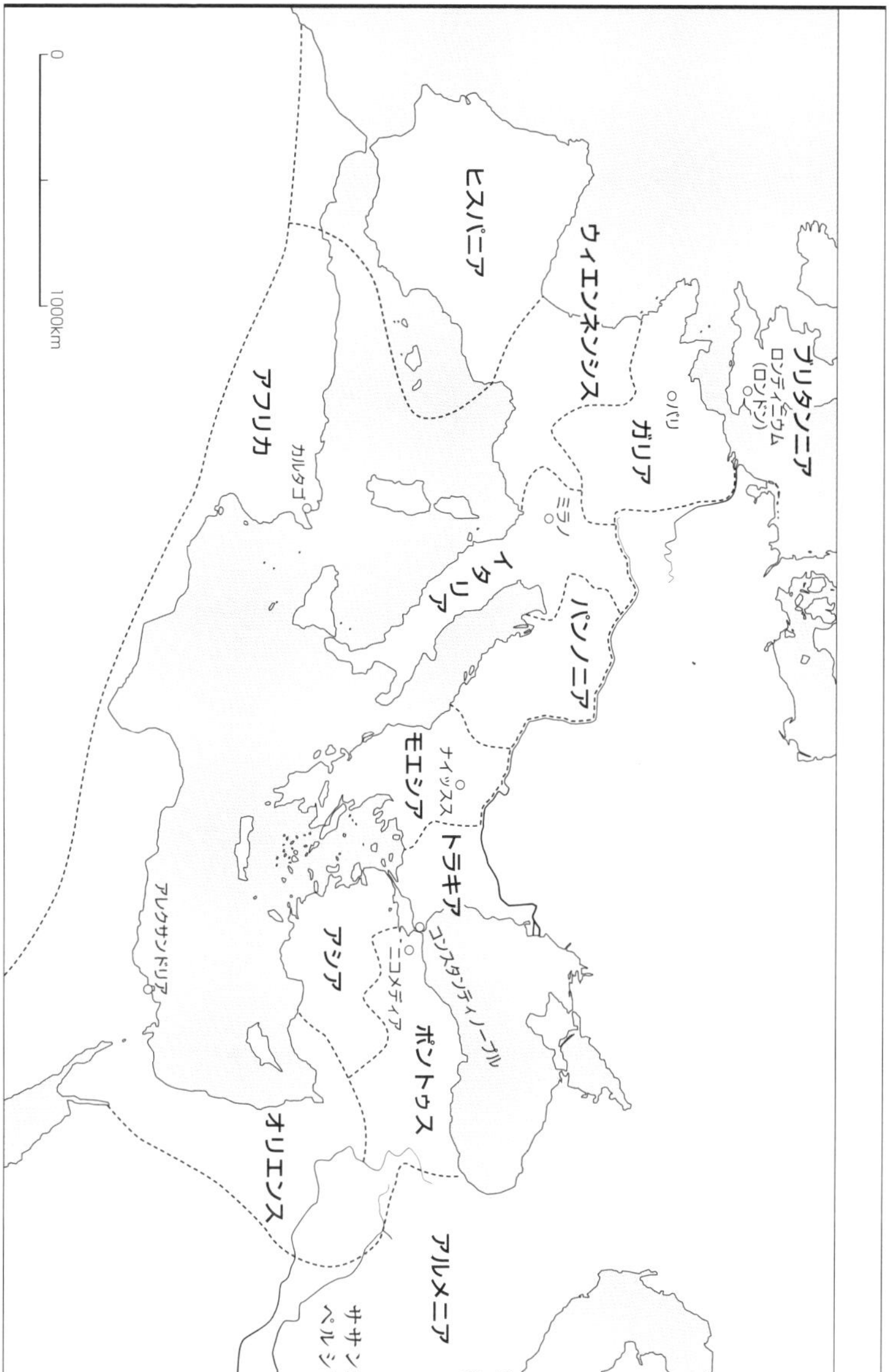

●コンスタンティヌス大帝治世のローマ帝国

遷都」といわれるような注目すべきできごとではなかったというのが大方の見方であり、三三〇年に遡らせて「遷都」という解釈は、のちのビザンティン帝国時代の初期にできあがったと考えられている。実際にコンスタンティノープルが皇帝の居住する首都らしくなったのは、四世紀末のテオドシウス大帝の治世以降である。

コンスタンティヌス大帝は三三七年まで帝位にあった。対外的には積極的に遠征するなどローマ帝国の国威高揚に努め、広大な帝国の各地に息子や親族を派遣して皇帝権の威光をおよぼした。国の内外を威圧するその強力な支配は、まさに「三世紀の危機」の苦難を乗りこえて築いたものであった。ただ、さきにみたように、統治体制が側近政治にもとづく皇帝の独裁になってしまっているゆえ、強勢を誇る広大なローマ帝国を維持し運営するには指導者たる皇帝個人に相当の力量と労苦が求められた。四世紀をつうじて、ローマ皇帝となった者はみな、大帝が長年の労苦のすえにつくりあげた成果を維持するために苦闘することになる。本書の主人公ユリアヌスもまた、この皇帝の重責と直面することになるのである。

②―囚われの日々

コンスタンティヌス大帝の家族とユリアヌス

本書の主人公ユリアヌスは、コンスタンティヌス大帝の異母弟の子である。大帝の甥であるが、大帝には息子・娘や甥が大勢おり、最年少のユリアヌスは目立たない存在だった。

コンスタンティヌス大帝は、最初ミネルウィナという女性と結婚し、男子クリスプスをえたが、テトラルキア崩壊後の争乱期に元正帝のマクシミアヌスとの同盟をはかるために、ミネルウィナと離婚し、マクシミアヌスの娘ファウスタと結婚した。そして、ファウスタとのあいだに、三人の男子と二人の女子をえた。長子クリスプスは順調に育ち、三一七年には副帝とされた。彼は、父の大帝が三二四年の単独皇帝位をかけた決戦のさいにも、艦隊を率いて大活躍し、父帝の陸上での戦いをおおいに助け、後継者として十分な資質の持ち主であることを示していた。父方祖母と同じヘレナという名の女性と結婚して、子もなしていた。

ところが、三二六年春、コンスタンティヌス大帝はこの長子を突然処刑した。クリスプスは、継母ファウスタに道ならぬ関係を求めたという理由で殺害されたのである。その数カ月後、今度はそのファウスタを大帝は処刑した。クリスプスがファウスタにいい寄ったとは誤りであり、実際は逆であったことが判明したということであった。大帝が後継者となるはずの長子と妻をあいついで殺害したこの事件については、事件当時からさまざまな憶測がなされた。自身の産んだ子たちを後継者にしたいファウスタがクリスプスを讒訴《ざんそ》しておとしいれた、あるいは大帝の母親ヘレナが愛しい孫クリスプスのためにファウスタを讒訴して復讐したなど、さまざまに語られ、帝室の闇に関わる情報は正確を期しがたい。いずれにしても、この事件の結果、帝権の継承者は、ファウスタの産んだ三人の男子となった。

三人の男子のうち、最年長のコンスタンティヌス二世▲は誕生まもない三一七年に副帝の位を与えられていた。二番目のコンスタンティウス二世▲は三二四年に七歳で、末弟のコンスタンス▲も三三三年に、それぞれ副帝とされた。大帝が自分の後継者をどのようにするつもりでいたのか、正確と思われる伝えはなに

▼コンスタンティヌス二世（在位副帝三一七～、正帝三三七～三四〇）　ローマ皇帝。コンスタンティヌス大帝とファウスタのあいだに生まれた三男子のうちの長子。正帝となって、帝国西部のガリアやブリテン島、スペインなどを統治した。

▼コンスタンティウス二世（在位副帝三二四～、正帝三三七～三六一）　ローマ皇帝。コンスタンティヌス大帝とファウスタのあいだに生まれた三男子のうちの第二番目。三兄弟のなかで唯一全帝国を統治した。キリスト教信仰に熱心で伝統宗教の神殿を閉じさせ、アリウス派を奉じて、アタナシウスを追放刑に処した。

▼コンスタンス（在位副帝三三三～、正帝三三七～三五〇）　ローマ皇帝。コンスタンティヌス大帝とファウスタのあいだに生まれた三男子のうちの末子。正帝となって、イタリアや北アフリカ、イリュリクムを統治した。また、アタナシウスを支持して、アリウス派を弾圧した。

もない。

さらに、奇異なことに、三人も後継者となりうる男子がいるのに、大帝は自分の異母弟でユリアヌスの父であるユリウス・コンスタンティウスにも最高貴顕（パトリキウス）の称号を与え、別の異母弟の二人の息子にも、同じく高位の地位を与えた。この二人の皇帝の甥のうち、フラウィウス・ダルマティウスは副帝とされ、もう一人のハンニバリアヌスには、最高貴顕の称号とポントゥスの「王」の肩書きが与えられただけでなく、大帝の娘コンスタンティナが嫁いだ。

コンスタンティヌス大帝の家族・親族は、このような人々から成っていた。ユリアヌスは、そのような皇帝家に、皇帝の異母弟の末子として誕生した。高位の皇族がたくさんいたから、ユリアヌスが誕生したとき、彼がのちに皇帝位に就くなどということは、誰一人として想像しなかったはずである。

皇族惨殺事件

コンスタンティヌス大帝が単独皇帝となって八年目になる三三一年、ユリア

▼**ササン朝ペルシア**（二二四〜六五一年）　二二四年にアルダシール一世がパルティアを滅ぼして建てたイランの王朝。四世紀に七〇年間におよぶ治世を誇ったシャープール二世（在位三〇九〜三七九）の時代に、王朝はもっとも安定していた。

ヌスはコンスタンティノープルで生まれた。母は小アジアの貴族の娘でバシリナといった。バシリナは教養ある女性だったようであるが、ユリアヌスはその母の愛を受け養育される幸福に恵まれなかった。ユリアヌスがまだ幼児のときに、バシリナは死んだからである。

さらに、まだ六歳のユリアヌスを、ふたたび不幸が襲った。三三七年、コンスタンティヌス大帝は、帝国の東部に圧力をかけているササン朝ペルシア▲に遠征するためにコンスタンティノープルを出発したが、途中で発病し、五月に世を去った。大帝死去のあと、新しい帝国統治の秩序について、九月に三人の皇帝の息子たちが協議し、帝国を三分して統治することとなった。この九月の新体制ができあがる前のある時点で、大事件がコンスタンティノープルで発生した。兵士たちが暴動を起こし、皇族や高官を惨殺したのである。

さきにその名を挙げた大帝の異母弟とその息子たちが、一晩のうちに殺害されてしまった。大帝の異母弟の幼い子ども二人だけが殺害をまぬがれた。ユリアヌスとその異母兄ガルスである。一一、一二歳のガルスは病弱、六歳のユリアヌスは幼すぎることが殺されなかった理由であったと考えられる。

●コンスタンティヌス大帝家の人々

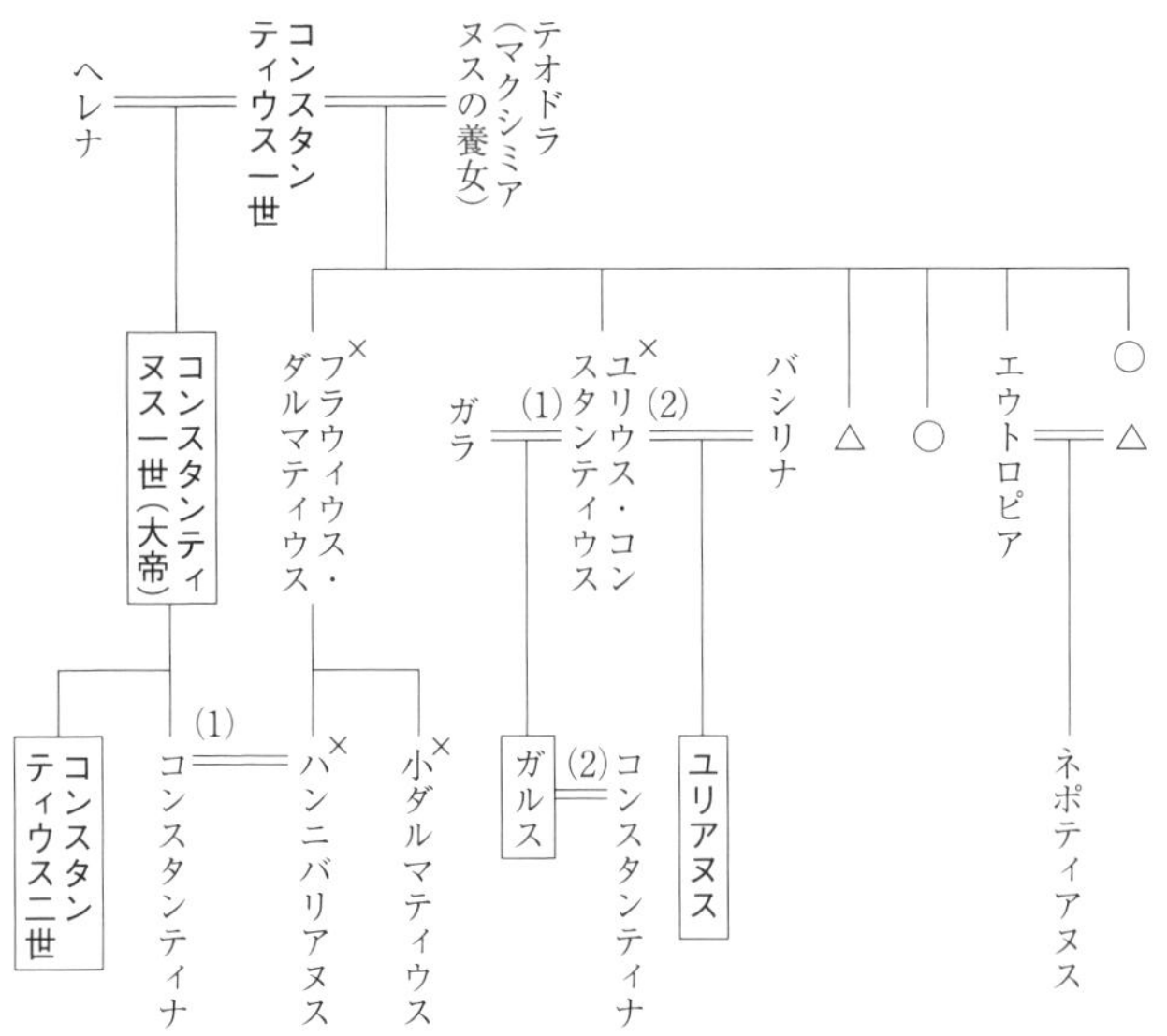

＊×印は337年の軍隊の暴動で殺害された人物。ハンニバリアヌスの妻コンスタンティナとガルスの妻コンスタンティナは同一人物。

●ローマ帝国東半（四世紀頃）

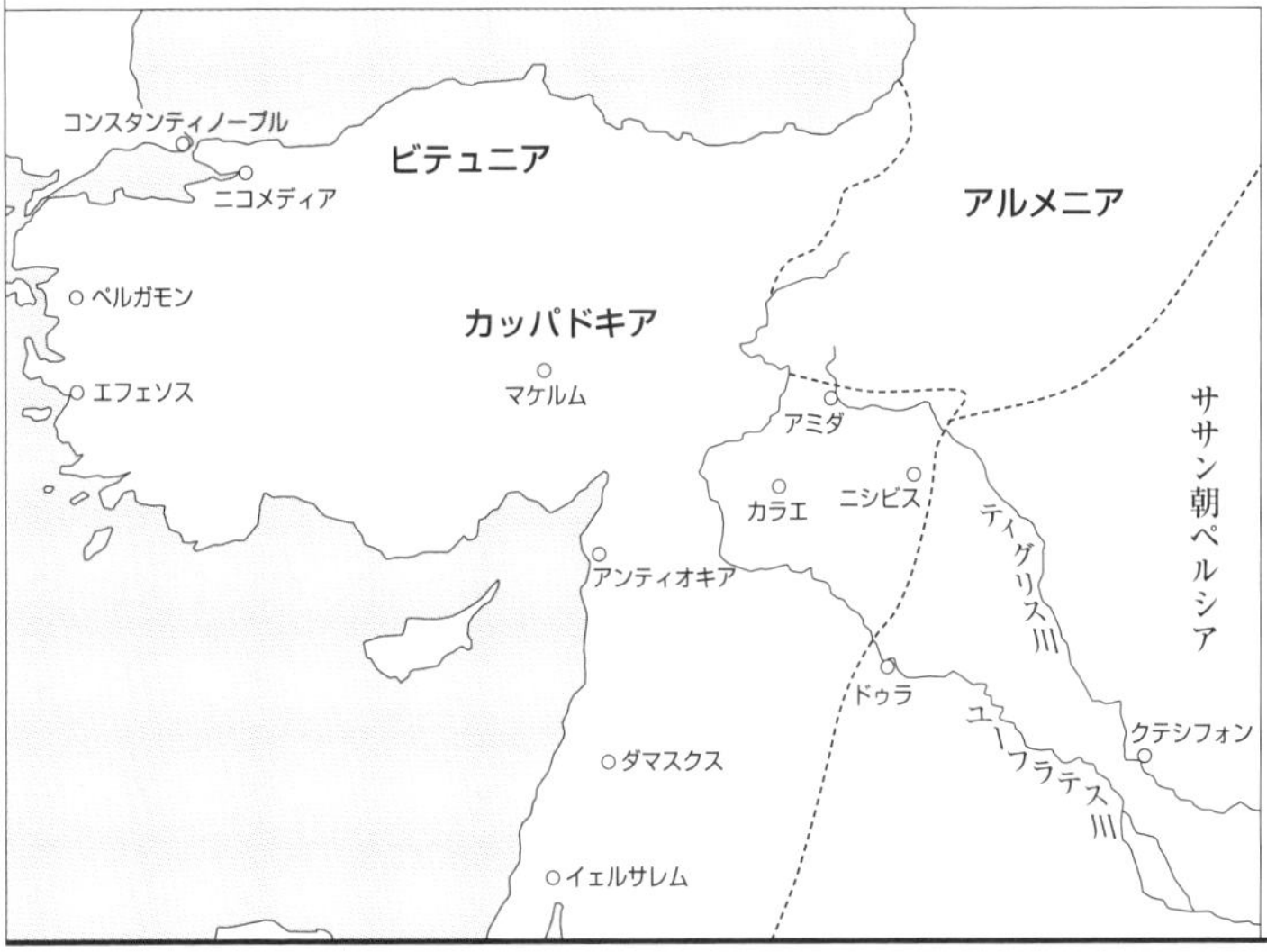

コンスタンティヌス大帝の三子による帝国分割統治

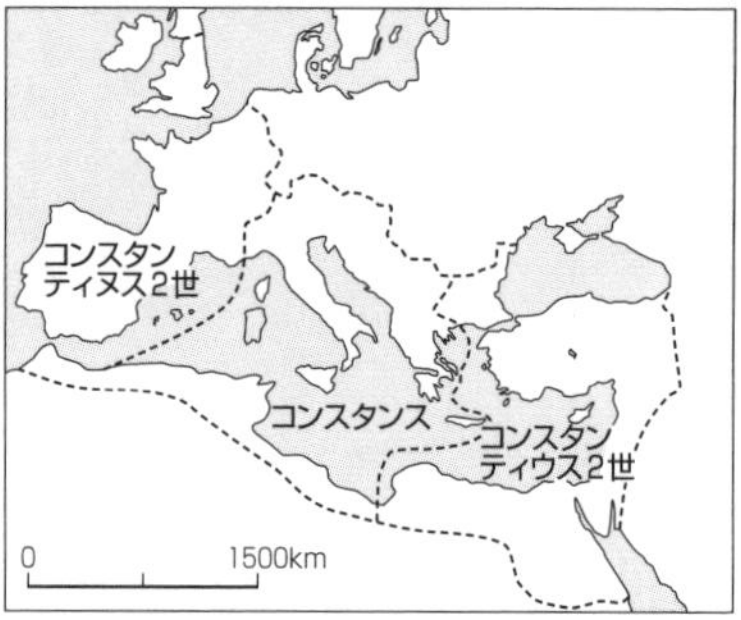

この兵士たちの暴動では、皇族以外に高官も犠牲になっていたので、なんらかの政治的な理由で軍が動いたことは確かである。そして、その軍を動かすことのできる人物といえば、コンスタンティノープルを支配下におく大帝の二番目の息子、コンスタンティウス二世であった。大帝治世末年、三人の息子たちは副帝として与えられた統治の任地にそれぞれあった。長兄コンスタンティヌス二世は帝国西部に、次兄コンスタンティウス二世は帝国東部に、そして末子のコンスタンスは帝国中央部、イタリアにあった。父帝の死去にさいして最初に駆けつけて葬儀の用意をするなどの対応ができたのは、東部から急ぎもどったコンスタンティウス二世だった。コンスタンティノープルを拠点にすることになったのも、このコンスタンティウス二世である。

当時コンスタンティウス二世はまだ二〇歳くらいで、兵士たちを扇動して親族や高官を殺害するように教唆する力があったのかどうかは定かでない。しかし、少なくとも、周囲からは彼がこの事件の首謀者とみられることになった。物心つくようになったユリアヌスにも、父親の殺害者として受け取られるようになる。

囚われの少年ユリアヌス

コンスタンティヌス大帝の帝国は三分割され、西部を長兄コンスタンティヌス二世が、中央部を末弟コンスタンスが、そして東部を次兄のコンスタンティウス二世が、それぞれ皇帝として統治することになった。

母を亡くし、加えて突然の事件で父をも失ったユリアヌスは、母方の祖母から贈られた小アジアのビテュニア▲の所領で生活した。兄ガルスとは引き離されていた。ユリアヌスはこの地で、かつて母バシリナを教えた教師マルドニウス▲の教育を受けた。彼からホメロスやヘシオドスを教えられ、ユリアヌスは古代ギリシアの作品に親しむようになった。孤独な少年ユリアヌスにとって、文学作品が心の支えになっていた。

ユリアヌスは、キリスト教徒として養育された。父を失ったガルスとユリアヌスの教育については、皇帝コンスタンティウス二世の指示のもと、ニコメディアの司教エウセビウス▲が監督していた。このニコメディアのエウセビウスこそは、三三〇年代の宮廷で大きな影響力をもった人物である。コンスタンティ

▼ビテュニア　黒海とマルマラ海に面したトルコ西北部の地方。前一世紀からローマ帝国領となった。中心都市はニコメディアであった。

▼マルドニウス（マルドニオス、生没年不詳）　史料には「スキュティア人」と書かれており、ゴート族の出身だったようであるが、なんらかの理由でローマ帝国領内に連れてこられ、宦官として働かされていた。孤児となったユリアヌスは、亡き母が教えを受けたこの人物に親しみを感じ、その教えを受け止めたらしい。

▼ニコメディアの司教エウセビウス（エウセビオス、?〜三四二頃）　ビテュニアのニコメディアの司教で、アリウス派に近い立場をとった。三二五年のニカイアでの公会議では、その決議（ニアイア信条）に署名したものの、ガリアに追放されたが、のち復帰してコンスタンティヌス大帝に接近し影響力を行使した。のち、コンスタンティノープル総司教に就任した。

ヌス大帝は三二五年にニカイアに公会議を開いて、父なる神と子なるイエスは「同質である」(ホモウシオス)とするアタナシウス▲の説を正統とし、それに反対して「子の従属」を説くアリウス▲を異端とした。しかし、その後、皇帝はしだいにアリウスの説に傾いて、アリウスを追放から呼びもどした。この過程で影響力をもったのが、アリウス派に近いこのエウセビウスであった。その最期のときに大帝にキリスト者としての儀礼をほどこしたのも、彼であった。大帝が世を去ってのち、コンスタンティノープルの宮廷を引き継いだコンスタンティウス二世もエウセビウスの影響下にあったので、アタナシウスは追放刑に処せられ、一七年間も流刑地におかれた。

もっとも、ユリアヌス自身は、幼き日に接したこのキリスト教の実力者、エウセビウスのことを、まったく書き残していない。エウセビウスがコンスタンティノープルの司教になると、ユリアヌスもコンスタンティノープルに移された。ところが、三四二年頃、ユリアヌスは突然小アジアの東部、カッパドキアにあるマケルムの宮殿に移された。監督役のエウセビウスが世を去ったことと関係しているかもしれない。

▼アタナシウス(アタナシオス、二九五頃~三七三)　キリスト教の神学者でアレクサンドリア教会の司教。ニカイアでの公会議で、アリウス派を批判して「同質」説を正統と決議させたが、その後は長く追放刑にあった。アリウス派やそれを支持する皇帝と戦うなかで、のちの三位一体説となる思想を確立した。

▼アリウス(アレイオス、二六〇頃~三三六)　キリスト教の神学者。子は父に従属するという「聖子従属説」の立場を説いて、父と子の同質を説くアタナシウスらと対立し、ニカイアの公会議後に異端として流罪となったが、のちにコンスタンティヌス大帝に帰還を許された。

▼修辞学　修辞学とは、粗くいえば、考えをよりよく伝える、効果的に表現するための研究である。古代

ユリアヌス自身の伝えるところでは、宮殿とはいっても、このマケルムでの暮らしは監禁といったほうがよいほど、ひどくつらいものだった。マケルムでの生活は六年間続いた。ガルスも一緒だったが、兄弟はそれほど打ち解けた関係にならなかったようで、ガルスのおかげで孤独な少年ユリアヌスが助けられたということを察知できる史料はない。

新プラトン主義との出会い

三四八年になって、ガルスとユリアヌスの兄弟は、マケルムの宮殿からコンスタンティノープルに呼びもどされた。そして、ガルスは、コンスタンティウス二世の宮廷にはいった。しかし、当時一七歳だったユリアヌスは学問することを許され、まずはローマ帝国上層民の教養であり、同時に実践的な学問でもあった修辞学▲を学んだ。さらに、コンスタンティノープルから小アジアの各地を訪れることもできた。幼いころに暮らしたビテュニア、その中心地であるニコメディアを訪れて、著名な修辞学者リバニウス▲の講義が開かれていることを知った。その講義に出席することは認められなかったものの、ユリアヌスは講

ギリシア人がこれを発明し、熱心に取り組んだだけでなく、民会や裁判における弁論、軍隊指揮のための演説など、現実政治のためにも重要なものと位置づけられた。ローマ帝国においても、政治や司法・軍指揮のために弁論術は支配階層のメンバーにとって重要な課題であったから、弁論教師の活動がさかんであった。よく語るだけでなく、美しい文章を書くことも支配階層に所属する証として重視されていた。のちの人文学は、この修辞学の伝統を踏まえて発展することになる。

▼**リバニウス**（リバニオス、三一四〜三九三）　修辞学者。シリアのアンティオキアの出身で、アテナイで教育を受けたのち、各地で弁論学校を開設して名声をえた。三五四年からは故郷アンティオキアで多くの学生を指導し、アンティオキア市政界の第一人者としても活躍した。伝統宗教を奉じ、キリスト教とは対立したが、門下にはキリスト教の高位の聖職者となった者もいる。数多くの演説や書簡を残している。ユリアヌスの師となり、その支持者であって、彼の死後も追悼演説を発表している。

義録を取り寄せて学び、彼を師とするようになった。後年、両者のあいだでは直接的な交流がなされることになるが、このときは、ユリアヌスの一方的な憧れだった。

　さらに、ペルガモン▲やエフェソス▲なども訪れているが、これらの町で、ユリアヌスは、自身ののちの行動に大きな影響をおよぼすことになる新プラトン主義と出会った。新プラトン主義とは、三世紀にエジプト出身のプロティノス▲によって大成された哲学の一派である。その形而上学は、絶対的に超越する根源的存在たる「一者《ト・ヘン》」から「流出《アポルロエ》」して段階的にかたづくられる世界秩序を説くものであった。そして、霊魂の浄化を強調し、人間は神秘的な「忘我《エクスタシス》」によって一者と合一できるとした。

　このプロティノスの思想は、シリア出身のイアンブリコス▲により相当変化させられた。とりわけ、神秘主義的な要素が強められ、霊魂の救済と絶対者との合一をめざす降神術《テウルギア》が持ち込まれた。そのための準備として、神霊を強制的に動かす手段が希求され、実際には儀礼に用いられる呪術のごときものとして発現した。イアンブリコスが神に祈っているときに、空中に高く浮揚し、身体も

▼ペルガモン　トルコ北西部の都市で、現在のベルガマにあった古代都市。アッタロス王朝(前二八二〜一三三年)の王国の首都で、代表的なヘレニズム都市であった。前一三三年に王国がローマに遺贈されたのちは、属州アシアの都市となった。

▼エフェソス　トルコ西岸中部にあったギリシア人の都市。イオニア系ギリシア人が植民して都市となり、リュディア王国やアカイメネス朝ペルシア帝国支配下でも繁栄した。ローマ帝国時代は属州アシアの中心都市として、多くの公共建築物が建てられた。

▼プロティノス(二〇五頃〜二七〇)　哲学者。エジプトの生まれで、アレクサンドリアで学び、ローマ市で教えた。プラトンの「善のイデア」から進んで万物の根源で絶対者である「一者」を考え、新プラトン主義を大きく発展させたが、魂の浄化をめざす救済哲学であり、神秘主義的傾向を強めた。

▼イアンブリコス(二四五頃〜三三〇頃)　哲学者。シリアの出身で、ローマ市で学ぶも、のちにシリアに

もどり、学校を創設して教えた。新プラトン主義哲学の神秘主義的傾向を強め、魂の救済のために降神術が必要と考えた。

▼**アイデシオス**（二八〇頃〜三五五頃）哲学者。トルコのカッパドキアの出身で、イアンブリコスの弟子。ペルガモンで教えた。

▼**エフェソスのマクシムス**（マクシモス、?〜三七〇頃）　哲学者。アイデシオスの門下生で、新プラトン主義哲学を奉じたが、降神術をおこなう魔術師的な人物として知られた。即位後のユリアヌスに影響を与えたと考えられている。のちに、皇帝ウァレンスに対する陰謀に荷担した廉で処刑された。

▼**エウナピオス**（三四五頃〜四二〇頃）哲学者で歴史家でもある。小アジアのサルディスで生まれ、クリュサンティオス（後出）の教えを受けた。新プラトン主義哲学を奉じ、修辞学の教師としても活躍した。伝統宗教の熱心な信者で、皇帝ユリアヌスを敬慕し、キリスト教をひどくきらっていた。『ソフィスト伝』『歴史』を著したが、後者は散逸した。

服も金色に輝いた、と弟子たちが噂していたことが伝わっている。

　ペルガモンにやってきたユリアヌスは、評判を聞きつけて、アイデシオス▲のもとを訪ねた。彼はイアンブリコスの弟子であった。アイデシオスはすでに高齢で、ユリアヌスに自分の弟子たちと交わることを勧めた。その弟子たちの一人が、イアンブリコスの降神術を魔術のごとく実践したエフェソスのマクシムス▲である。エウナピオス▲が著した『哲学者およびソフィスト列伝』に含まれているその伝記によると、「彼の目の瞳は羽根があるように素早く動き、白髪混じりの髭が垂れ下がり、眼光は心の激しい活力を表していた。また彼を見るにつけ、その話を聞くにつけ、彼に備わる調和は素晴らしいものであった」（戸塚七郎訳）という。彼も奇跡の実践者とされ、念力で神の像を笑わせたと伝わる。ユリアヌスは、このころ、このマクシムスに出会い、感化されたと思われる。エウナピオスによれば、ユリアヌスはマクシムスに面会すると「この人にすっかり傾倒してしまい、この人の知識すべてをしっかりとわが物にした」（戸塚七郎訳）。さらに、マクシムスのほかに、アイデシオスの弟子であるプリスクス▲やクリュサンティオス▲（ともに次頁上段解説参照）とも交流し、マクシムス同様、その後に続く縁を結んだと考えられる。

若いユリアヌスの新プラトン主義との出会いは、このときは「学問的な」ものにとどまった。しかし、後年、ユリアヌスの立場が激変すると、この新プラトン主義は現実政治に影響力をもつことになる。

激動するローマ帝国

さて、時間はもどるが、ユリアヌスが孤独な少年期をビテュニアで過ごしていたころ、帝国西部では大きな事件が起こった。三三七年のコンスタンティヌス大帝の死後に成立した三子による分割統治体制は、三四〇年になるとあっけなくくずれた。帝国西部のガリアやブリテン島などを統治していた長兄のコンスタンティヌス二世が、領土の不満から、この年の春に末弟のコンスタンスが統治する領土に侵入したからである。

攻め込んだコンスタンティヌス二世の軍は、コンスタンスが派遣した軍と北イタリア、アクィレイア▲付近で戦ったが、敗れて、コンスタンティヌス二世自身も死んだ。コンスタンスはすぐに兄の領土だったガリアやブリテン島などを

▼**プリスクス**（プリスコス、三〇五頃～三九六頃）　哲学者。ユリアヌスの死後、皇帝たちの迫害を受けたが、のち解き放たれて、ギリシアで教師をした。

▼**クリュサンティオス**（生没年不詳）　四世紀の哲学者。アイデシオスの門下で、新プラトン主義哲学を信奉し、小アジアのサルディスで教えた。エウナピオスの師で、かつエウナピオスの従姉妹を妻としていた。即位後にユリアヌスは彼を宮廷にまねこうとしたが、クリュサンティオスはこれを断り、故郷にとどまった。

▼**アクィレイア**　アドリア海北岸にあったローマ都市。前二世紀にローマの植民市となり、交通の要衝として繁栄した。五世紀のアッティラの侵攻で町は破壊された。現在は北イタリアの小村で、世界遺産に登録されている。

掌握したので、ローマ帝国は、このコンスタンスと次兄コンスタンティウス二世の二人で、東西に二分するかたちで統治されることになった。兄弟は、信仰のうえでも兄コンスタンティウス二世がアリウス派、弟のコンスタンスがニカイア公会議で正統とされたアタナシウスの説を奉じており、仲は良くなかったが、コンスタンティウス二世は長兄の領土を併合した弟を攻めることはしなかった。

それから一〇年ほどたって、ユリアヌスがマケルムからコンスタンティノープルにもどって勉学に勤《いそ》しんでいたころ、さらに大きな事件が生じた。三五〇年一月、帝国の西半を統治していたコンスタンス帝が、マグネンティウス▲という軍司令官の帝位簒奪《さんだつ》にあって、殺されたのである。大帝の息子三人のうち、残ったのは二番目のコンスタンティウス二世だけとなった。今度は、コンスタンティウス二世も動かざるをえなかった。コンスタンティヌス大帝家の名誉にかけても簒奪者を倒して、領土を奪還しなければならなかった。

コンスタンティウス二世は東のササン朝ペルシアに備えて帝国東部属州にいたので、マグネンティウスを攻撃するためには準備と移動に時間が必要であり、

▼**マグネンティウス**（皇帝位僭称三五〇〜三五三）　ローマの皇帝位僭称者。ブリテン島出身の父とフランク族出身の母とのあいだに、ガリア（現在のアミアン）で生まれる。軍人として活躍し、出世した。三五〇年にコンスタンス帝に反乱して帝を殺害し、帝国西半を支配下においた。

その間にマグネンティウスが東進する恐れがあった。ところが、その年の三月、マグネンティウスがコンスタンティウス二世に向かって進軍しようとするちょうどその進路にあたるドナウ川流域で、反乱が起こった。コンスタンス帝のもとで歩兵長官として働いていた老将軍ウェトラニオが、軍によって皇帝と宣言されたのである。

このウェトラニオの勢力は、東進するマグネンティウス軍にとって大きな障害となり、一方これから西へと攻めのぼろうとするコンスタンティウス二世にとっては、準備と移動の時間確保のためにありがたい存在であった。しかもこのウェトラニオは、コンスタンティウス二世の説得に応じて、その年の十二月には投降し、軍をコンスタンティウス二世の軍に合流させた。ウェトラニオは追放刑とされたが、ビテュニアのプルサの町で私人として暮らし、三五六年に静かに世を去った。投降した反乱者、罪人という印象をまったく与えていない。そのこともあって、この奇異な反乱は、じつはコンスタンティウス二世の策によるものであったという見方がある。

とくに、コンスタンティヌス大帝の娘でコンスタンティウス二世の妹である

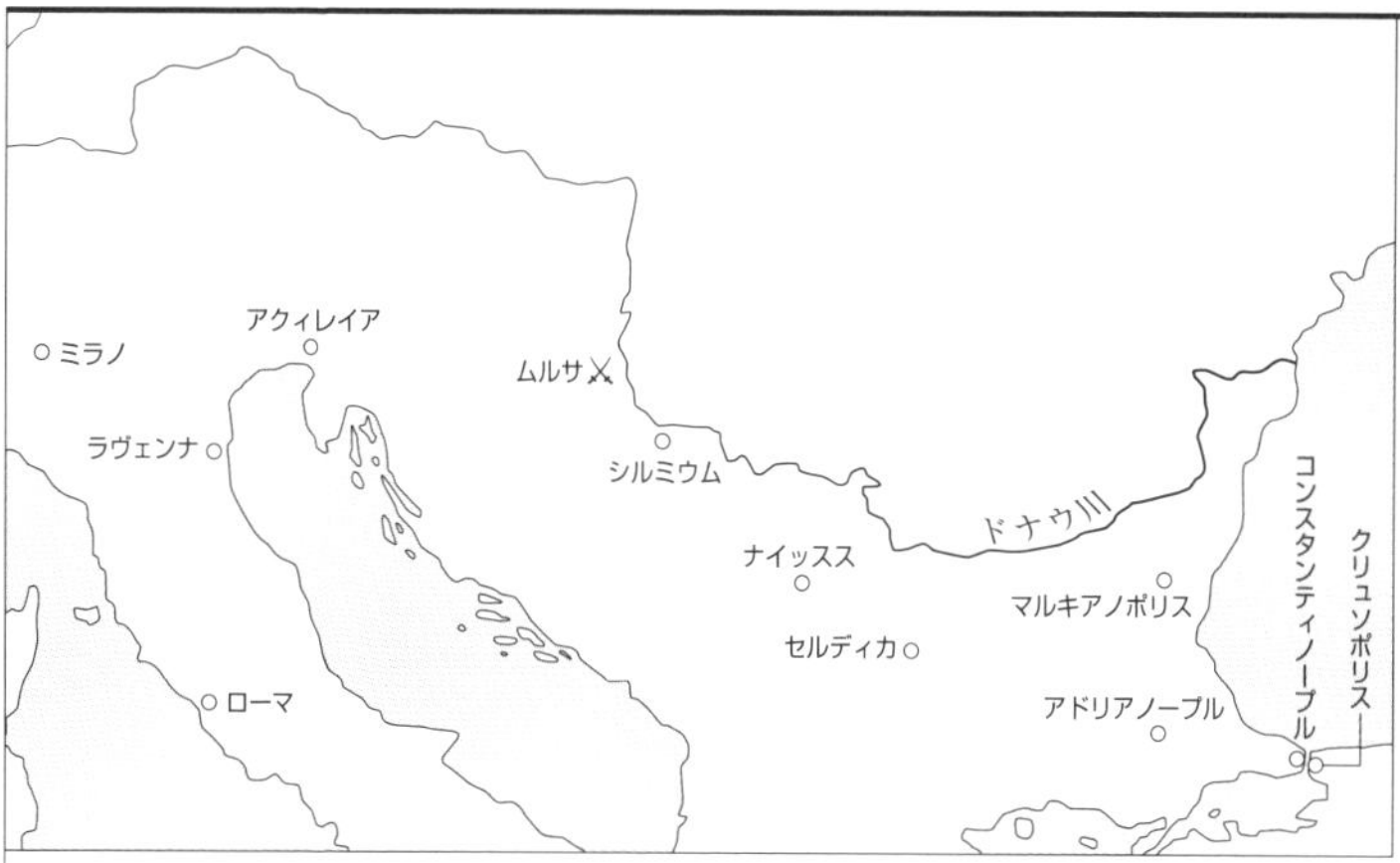

●—コンスタンティウス二世時代のローマ帝国中央部

●—コンスタンティウス二世の貨幣　三五一年から三五五年の間にコンスタンティノープルでつくられたソリドゥス金貨。皇帝の王冠をつけている。

●—ガルスの貨幣　ユリアヌスの異母兄ガルスの横顔を描いた銀貨。三五一年から三五四年の間にローマ市でつくられた。

コンスタンティナが策動したものとの史料の記載までである。三三七年の兵士たちの暴動で夫であるハンニバリアヌスを失ったこのコンスタンティナが、なぜ夫殺害の首謀者とおぼしき兄帝を助けるためにウェトラニオに蜂起させたのか、またどのようなやり方でウェトラニオを説いたのか、疑問は数々あるが、詳細は不明である。

　ウェトラニオ軍を吸収したコンスタンティウス二世の軍は、翌三五一年の九月、ムルサ▲でマグネンティウスの軍と激突した。戦いは双方に多くの損失を出したが、コンスタンティウス二世の軍が勝利をおさめ、マグネンティウスはイタリアへ退却した。さらに追い詰められたマグネンティウスは、三五三年八月に自殺し、簒奪劇は終わりを告げた。

　コンスタンティウス二世はついに唯一のローマ皇帝となった。しかし、マグネンティウスとの戦いは、その後のコンスタンティウス二世の政策に大きな影響をおよぼすことになる。

▼ムルサ　現在のクロアチアのオスジェク。

兄ガルスの運命

コンスタンティウス二世は、副帝のとき以来、帝国東部属州を担当し、その東に勢力を張るササン朝ペルシアの動きに神経をとがらせてきた。マグネンティウス討伐のために西に向かわねばならなくなったとき、帝国東部において皇帝の存在の重みを維持する必要を感じた。しかし、今や皇族の男子といえば、従弟のガルスとユリアヌスしかいない。そこで、皇帝はガルスを副帝とし、自分が不在となる帝国東部に送り込むことにした。

ウェトラニオの軍を吸収してマグネンティウスに向けて進軍する途中の三五一年三月、コンスタンティウス二世はガルスを副帝とした。そして、ウェトラニオ反乱劇を策したかもしれない妹コンスタンティナをガルスと結婚させた。二人は東方へ向かい、シリアのアンティオキアで皇帝の代理として統治することとなった。

コンスタンティウス二世には、二人が皇帝権の重みさえ醸《かも》し出してくれればそれでよかった。統治は、皇帝の遣わした部下がおこなうのである。ところが、副帝夫妻は、成果をあげることのないまま、なにかと皇帝の部下の指示に従わない振る舞いをするようになった。コンスタンティウス二世のもとに聞こえてくる東方の話は、悪いものばかりとなった。皇帝は高官ドミティアヌスを派遣したが、副帝の兵士に殺害された。皇帝の怒りは頂点に達した。

二人は皇帝に召喚されることになったが、ガルスの妻コンスタンティナが三五四年中頃、ビテュニアで世を去り、ガルスの味方をしてくれる者はいなくなった。彼は一人で北イタリアのミラノにいる皇帝のもとに向かおうとしたが、途中で副帝位を剥奪された。そして、皇帝に会えぬまま、クロアチア北西端のポラで処刑された。

皇后エウセビア

ガルスの処刑の影響は、ただちに弟であるユリアヌスにおよんだ。学問を楽しんでいたユリアヌスは、ミラノの宮廷に来るように指示されたのである。ユリアヌスとガルスとの関係は密なものではなかった。しかし、この数年間だけでなく、過去からの二人の関係やユリアヌスの行動が詮議の対象となった。ユリアヌスは数カ月にわたり疑いの目で見られ、ミラノの宮廷で監禁状態におか

▼**エレウシスの秘儀**　エレウシスは、アテネの北西の海岸にある女神デメテル崇拝の中心地。ここでは古くから密儀宗教がおこなわれ、死後の幸福を求めて広く各地から人々がここを訪ねた。しかし、儀式は厳格に秘密とされていたので、その内容は不明である。四世紀の終わりにゴート族の軍に町は破壊された。

れた。

この苦境からユリアヌスを救い出してくれたのは、コンスタンティウス二世の后、エウセビアであった。彼女は、ギリシアの都市テッサロニケ出身の女性で、皇帝の二人目の妻であった。皇帝に残された近い男系親族は、もはやユリアヌス一人になってしまった。皇后は、この現実を皇帝自身に認識させ、政治から切り離されて生きてきた哲学青年を守ろうとしたと思われる。のちにユリアヌスが皇后に捧げた感謝の頌詩《しょうし》は、公的なものゆえに、どこまでユリアヌスの真の思いが込められているか判断は難しいが、ともかく窮地を救ってくれた皇后に対するユリアヌスの感謝の思いは確かであろう。

数カ月後、ユリアヌスはふたたび哲学青年にもどることを許されアテネに向かった。そこで、ふたたび新プラトン主義を深め、古代以来のエレウシスの秘儀▲にも与《あずか》った。ユリアヌスの心はどんどんキリスト教から離れて、古代ギリシアの精神に向かっていった。

③—副帝ユリアヌス

コンスタンティウス二世の帝国西半支配

簒奪《さんだつ》者マグネンティウスを打倒し、ローマ帝国唯一の皇帝となったコンスタンティウス二世ではあったが、ムルサの戦いで軍勢の半数を失ったのは大きな痛手であり、それ以上に、帝国西半がマグネンティウスに味方し、コンスタンティヌス大帝家の支配に背いたことは衝撃であった。そこで、コンスタンティウス二世は、支配権を完全に回復しようとしたが、そのやり方はいささか陰湿であり、陰惨な結果をもたらした。マグネンティウスに味方した者たちを見つけ出して処罰するという、いわゆる残党狩りをおこなわせたのである。

この残党狩りのためにとくに選ばれた皇帝の部下が、同時代の史家アンミアヌスが希代の悪人として描く「カテナのパウルス」という男であった。「カテナ」とは鎖のことで、パウルスはマグネンティウスの味方をしたと思われる者たちをとらえ、鎖につないで反逆罪で処罰する法廷へと送り込んだ。マグネンティウスの味方をしたわけではない者までも嫌疑をかけられ、残党狩りの犠牲になった。ブリテン島統治の上級役人(管区代官)だったマルティィヌスは、自身はマグネンティウスの味方になったわけではなかったが、パウルスの無謀なやり方に我慢ができず、事態を収拾しようとした。しかし、反乱容疑で告発されたため、怒ったマルティィヌスはパウルスを殺害しようとし、逆に自殺に追い込まれてしまった。

パウルスの役職は「書記官」(ノタリウス)であった。しかし、コンスタンティウス二世の治下、書記官は速記者の役割をはるかにこえて、伝令や秘密警察の仕事もしていた。アンミアヌスの史書に描かれた「カテナのパウルス」の行状をつうじて、私たちはコンスタンティウス二世の治世がいかに暗くて陰湿であったかを知ることができる。もっとも、これはコンスタンティウス二世を批判し、ユリアヌスを英雄視するアンミアヌスの史観のあらわれでもあり、いくらか割り引いて理解しなければならない。しかし、ガリアやブリテン島など帝国西半に展開したこの残党狩りは、コンスタンティウス二世の支配を強化するどころか、皇帝は疑い深く残酷な人物だという印象を住民の心に深く刻んでしまったことは間違いなかろう。その感情は、帝国西半が皇帝から離反する機運を醸成することに繋がってしまう。

シルウァヌスの反乱

皇帝が帝国西半における支配権を強化しようとしていた三五五年の夏、皇帝には予想外のできごとが起こった。彼が三五二年に歩兵長官に任じ、翌年に帝国西半の押さえとしてガリアに派遣していたシルウァヌス▲という将軍が、ライン川中流域の拠点都市で要塞でもあったケルン▲で皇帝に宣言され、反乱を起こしたのである。この反乱は、彼が二八日後に麾下《きか》の兵士によって殺害されることであっけなく終息したが、皇帝コンスタンティウス二世には、帝国西半を掌握することは容易でないとあらためて悟る機会となった。皇帝は早速、かの「カテナのパウルス」に命じて、反乱に荷担した者たちを摘発・処罰させた。

しかし、マグネンティウスとの戦いのために西半に来てしばらくたち、皇帝は、ガルス亡きあと皇帝の代理もいなくなった帝国東半のことが気になっていた。東部諸属州は、ササン朝ペルシアの王シャープール二世▲の侵攻の脅威をますます感じるようになっていた。

▼シルウァヌス（皇帝位僭称三五五）　ローマ皇帝位僭称者。フランク族出身の軍人で、コンスタンティウス二世がマグネンティウスと戦ったときに活躍し、戦後にガリアへ派遣された。しかし、任地で皇帝に対し反乱を起こして帝位を僭称。二八日後に部下の裏切りで殺害された。

▼ケルン　現在のケルンの、都市としての歴史は、五〇年頃にゲルマニア人のウビイ族の住地につくられた退役兵の植民市に始まる。コロニア・アグリッピネンシスと呼ばれた。属州下部ゲルマニアの中心都市として発展し、要塞に加えて、数多くの公共建築が建てられた。四世紀以降に外部部族の侵入を受け、五世紀後半に生じたフランク族の襲撃以降、古代都市としては衰退した。

▼シャープール二世（在位三〇九～三七九）　ササン朝ペルシア第九代目の王。七〇年におよぶ彼の長い治世は、ササン朝が王朝としてもっとも安定した時期で、対外拡張主義をとり、ローマ帝国との抗争もササン朝側に有利に進めた。

コンスタンティウス二世は東にもどることを考えねばならなかったが、帝国西半もしっかりと抑えておかねばならない。そのためには、今一度コンスタンティヌス大帝家の権威を確立しておく必要があった。皇帝が不在でも帝国西半で皇帝の権威を維持するためには、皇帝家の人間を駐在させておくのがてっとり早かった。しかし、ガルスを処刑した今、コンスタンティウス二世には、近い親族の男子といえば、ユリアヌス一人しかいなかった。

皇帝は、三三七年の皇族殺害事件で父親らを失ったガルスとユリアヌスの兄弟を警戒して、両名を政治や軍事から遠ざけて育ててきたから、彼らは実践的な帝国統治にすぐには役立たない。とりわけ、ユリアヌスは文学と哲学に熱中する青年だった。だが、皇帝は、ユリアヌスを登用することにした。そして、ガルスを副帝として帝国東部に送り込んだときの失敗を教訓として、ユリアヌスを皇帝の部下の十分な監視と指導下におきつつ活用し、帝国西半における皇帝家の権威を明示しようと考えた。

こうしたコンスタンティウス二世のもくろみで、ギリシアに遊学中のユリアヌスは北イタリアのミラノに召還された。そして、三五五年十一月六日、副帝に任命されたのである。ユリアアヌスは二四歳であった。

ガリアの情勢と副帝の使命

哲学青年ユリアヌスはローマ帝国の副帝となった。そして、兄ガルスが副帝となったときに皇帝の妹コンスタンティナと結婚したのと同様に、皇帝のもう一人の妹であるヘレナと結婚させられた。ヘレナはユリアヌスよりも年長であったと推測される。皇帝が妹にユリアヌスの監視を命じたかどうかわからないが、政略結婚であったことは間違いなかろう。

副帝ユリアヌスは、その年の十二月初め、ガリア▲へと出発した。ガリアは当時、統治単位としては非常に広い範囲の地域を包含していた。かつてディオクレティアヌス帝は帝国の属州を細分化したが、その後数個の属州を管区に整理し、さらにその管区をいくつかまとめて「道」の名のもとに統合する措置がなされた。その結果、オリエンス道やイリュリクム道とともに「ガリア道」がおかれた。このガリア道には、現在のフランスやベルギー地域だけでなく、イベリア半島やブリテン島も含まれ、帝国西半の帝国領の過半を占めた。ガリア道

ローマ帝国の「道」の区分

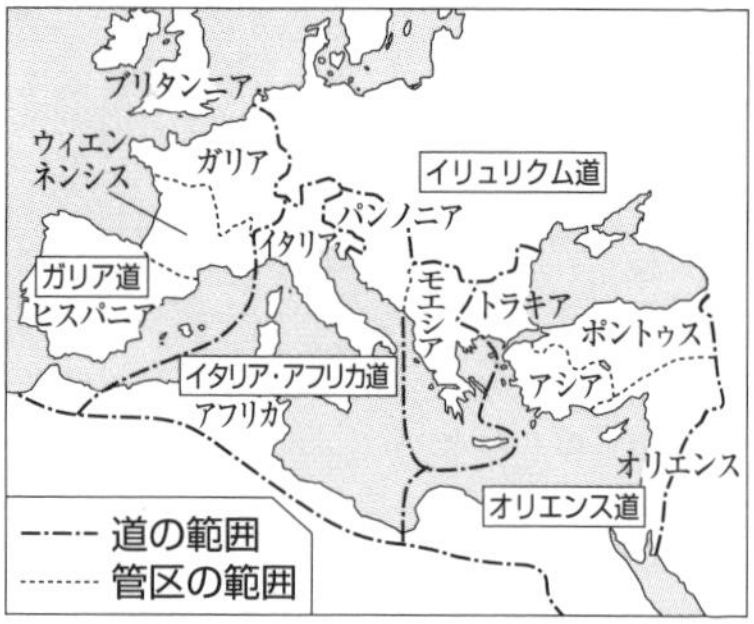

▼ガリア　ガリアは初め、ローマ人から「ガリー」と呼ばれる人々が住む地域を指しており、北イタリアも「アルプスのこちら側のガリア」であった。前一世紀にこの地域はイタリアに含まれるようになり、ガリアといえばアルプスの北に広がる地域を示すようになった。

長官がおかれたが、道長官は行政の最高責任者であり、軍事のほうは騎兵長官と歩兵隊長官が指揮した。

ところで、ユリアヌスが赴任した帝国西半の属州、とくにライン川以西の地域は、マグネンティウスの反乱以降、ローマ帝国内の乱れに乗じてライン川をこえて帝国領に侵攻する部族の攻撃対象となって、荒廃していた。少なくともユリアヌスが副帝に任じられるころ、ミラノにいる皇帝にそうした報告が届いていたことは確かだ。ユリアヌスに与えられた任務は、外部からの侵攻を食い止め、属州の安寧を確保するとともに、マグネンティウス、そしてシルウァヌスと将軍の反乱が続いた帝国西半に秩序と軍紀を確立し、コンスタンティヌス大帝家の権威を輝かしめることであった。

もっとも、皇帝自身はなんの軍事経験もないユリアヌスに具体的な成果を期待していたわけではない。皇帝の派遣した将軍たちが皇帝の希望する目的のために作戦を実行し、ユリアヌスは帝権の象徴として作戦の場にいるだけでよいと思っていた。周囲の者たちも、哲学青年になにほどのことができるとも考えてはいなかった。実際に、ミラノを出てガリアに入り北上していくユリアヌス

ユリアヌス副帝時代の帝国西部

▼**ヴィエンヌ**　フランス南東部、大都市リヨンの南にある小さな町ヴィエンヌは、ローマ時代はかなりの規模を誇った都市であり、現在も都市建築物の遺構や劇場遺跡が残されている。

には、わずか三六〇人の兵士しか与えられていなかった。

属州に入ったユリアヌスは、まずヴィエンヌ▲で冬営し、三五六年になってこの町から北上して、属州の外の人々に襲撃されていると皇帝のもとに報告のあった地域に向かった。ブルゴーニュ地方のオータンで、侵入した「蛮族」の攻撃にさらされていたこの都市を救出し、さらにオーセール、トロワと北上、シャンパーニュ地方のランスに到達した。

ランスには、ガリアの軍団を率いる騎兵長官マルケルスがいた。ユリアヌスは皇帝の代理を務める副帝であり、位からすればマルケルスよりも上であったが、軍事経験のないユリアヌスは、実際にはマルケルスの指示に従わねばならず、また皇帝もユリアヌスがそのように振る舞うことを当然とみていた。

この年、「蛮族」に占領されていたライン河畔の重要都市ケルンを、ローマ側は奪回した。このローマ軍のケルン回復を、のちにユリアヌスは自身が指揮したように手紙に書き綴っているが、ミラノにいる皇帝の指示で、将軍たちが実施した作戦によるとみてよい。ユリアヌスはさらに、ライン沿岸のいくつかの要塞や町を確保する作戦に参加した。これらも、皇帝の将軍たちの主導する軍事作戦だったと考えられる。

ところが、この年の冬から翌年にかけて、副帝ユリアヌスの行動は、皇帝をはじめ、多くの人々の想定をこえるものとなった。

ストラスブールでの大勝利

この冬、ユリアヌスの部隊は、オーセールの北にあるサンスの町でアラマン二族▲の軍に囲まれ、孤立無援の状態におちいった。しかも、ガリアのローマ軍を握る騎兵長官のマルケルスは、副帝を救援する軍を派遣しなかった。攻囲は三〇日におよんだが、ユリアヌスはなんとかこれを自力で乗り切り、敵を退けた。副帝を救出しなかったマルケルスの態度に、彼自身の、さらには皇帝コンスタンティウス二世のユリアヌスに対する悪意を読もうとする解釈がこれまでなされてきたが、皇帝がこののちマルケルスを更迭しているところをみれば、その解釈はあたらない。皇帝はむしろ、攻囲を凌いだユリアヌスを評価したかもしれない。

ユリアヌスはこの事件のあと、マルケルスの後任として騎兵長官になったセ

▼アラマン二族　その名「あらゆる人々」の意のとおり、ゲルマニアに住んでいたさまざまな人々が形成した集団で、三世紀にはいってからローマ帝国に侵攻するようになった。とくに三世紀の後半、防壁(リメス)を突破してライン・ドナウの上流地域(アグリ・デクマテス)に侵攻し、この地域に定着するようになった。この結果、彼らが定着するようになった地方は「アラマンニア」と呼ばれるようになった。副帝時代のユリアヌスや四世紀後半の皇帝たちには抑えられたが、その後西進し、五世紀後半にフランク族によって王権が滅ぼされるまで、現在のスイスやフランス東部を支配した。

ウェルスのもとで作戦に従事した。ユリアヌスは実践的な軍事を学んだ経験はなかったから、三五六年から翌三五七年にかけて多くの未知のできごとに遭遇し、政治・軍事を現場で身体で覚えたと思われる。属州の静穏を乱すのはフランク族▲とアラマンニ族という二つの集団であり、しかもそれらが多くの小さな部族集団に分かれていることも理解しただろう。

　そのユリアヌスが、哲学青年から軍司令官へとすっかり変身したことを印象づける事件が起こった。三五七年に生じたストラスブールの戦いである。

　ミラノにあったコンスタンティウス二世は、ガリアの副帝ユリアヌスの軍と共同して、属州の安寧を確保するため、侵入を繰り返していたアラマンニ族を撃退しようとした。皇帝は、将軍バルバティオに兵力二万五〇〇〇人を委ねて、現在のスイスのバーゼルに近いアウグスタ・ラウリカ▲から進発させた。ユリアヌスの軍は、ガリアの中部から出発して、その兵力は一万三〇〇〇人。バルバティオの二万五〇〇〇人の軍と共同して、アラマンニ族軍を挟み撃ちする作戦だった。ところが、バルバティオの軍はまもなくアラマンニ族に攻撃されて撤退してしまい、ユリアヌスの軍のみが、三万五〇〇〇人のアラマンニ軍と正面

▼フランク族　ゲルマニアに住んでいた人々が集まって形成した混成部族。三世紀頃より帝国属州に侵入し、ローマ軍と戦うようになった。四世紀になるとコンスタンティヌス大帝や副帝ユリアヌスに攻められ、ライン川下流域の属州周辺に定着するようになった。さらに、帝国内に移住し兵士として採用されて出世をとげた者もおり、四世紀の後半にはローマ軍の指揮官として皇帝の信頼をえ、国政に参与するまでになる者も次々あらわれた。

▼アウグスタ・ラウリカ　現在のスイス、バーゼル市の近郊にあるローマ都市遺跡。ラウリキ族という先住者の住地に、カエサルの派遣した総督が前四四年に建てた植民市から、都市の発展が始まった。二世紀の最盛時には町の人口は一万五〇〇〇を数えたが、三世紀後半に外部からの侵入を受けて市街地部分が荒廃した。そのため、四世紀初めからはライン河畔の陣営を中心に軍事拠点として使われ、五世紀の初めまで機能した。

アウグスタ・ラウリカにある四世紀の要塞の防壁

から戦わねばならないことになった。ユリアヌスは大きな試練に立たされたのである。

両軍は、現在のフランスのアルザス地方ストラスブール市の郊外でぶつかった。兵力の点で圧倒的にまさるアラマンニ族の軍が、最初ローマ軍の歩兵部隊の正面を攻撃して優位に立ったが、潜んでいた右翼部隊のローマ軍への攻撃はつうじず、その後ローマ軍が一気に攻勢に出て、アラマンニ族軍をライン川へと押し返した。ローマ側の史料では、アラマンニ族軍は六〇〇〇人の死者を出し、一方、ローマ側の戦死者は将校四人と兵士二四三人だったと記されている。予想を覆すローマ軍の大勝利であった。

副帝の変身

ユリアヌス大勝利を描く史家アンミアヌスは、この勝利のとき、兵士たちがユリアヌスに対して「アウグストゥス万歳」と叫んだ、と記録する。ユリアヌスは副帝、つまり「カエサル」であり、一方「アウグストゥス」は正帝を意味し、コンスタンティウス二世一人しかいない。この歓呼は皇帝への反逆を意味する。ユリアヌスは兵士たちの呼び声に取り合わず、かえってその考えなしの行動を叱責したともアンミアヌスは記している。

ミラノの宮廷では、予想外のユリアヌス大勝利に、複雑な雰囲気が漂っていたかもしれない。「アウグストゥス万歳」の歓呼が宮廷に伝わっていたなら、皇帝の側近たちは警戒心を強めた可能性がある。ユリアヌスは、とらえたアラマンニ族軍の指導者の一人クノドマリウス(クノドマル)を宮廷に送った。皇帝に対する忠誠を示すために、この措置は効果があっただろう。このあとまもなく、コンスタンティウス二世はミラノを発《た》ち、東へと向かった。迫ってきたササン朝ペルシアの脅威に対抗するためである。副帝に対する疑念があったとしても、皇帝はガリアをユリアヌスと部下たちに委ねるしかなかった。

ユリアヌス自身が書くところでは、三五七年頃から彼は皇帝に軍の指揮を委ねられた。ストラスブールの戦いののち、ユリアヌスはライン川沿いの地域を移動し、しばしば大河を渡っている。現在のドイツのマインツ▲付近からライン川を渡ってアラマンニ族の住地にはいり、村々を荒らした。さらに下流ではケルン付近からフランク族を追い立て、さらに下流域のマース川▲(ムーズ川)沿い

▼マインツ　ライン川とマイン川が合流する地点に位置する都市マインツは、ローマ時代、モゴンティアクムという名の規模の大きな都市であった。前一八年から前一三年にかけて、この地域に進出したローマの司令官ドルススによって築かれた軍事拠点が都市としての出発点である。今日も、劇場跡などを見ることができる。

▼マース川　オランダ語でマース川、フランス語でムーズ川と呼ぶ河川で、フランスに発し、ベルギーをへてオランダでワール川(ライン川支流)と合流、北海に注ぐ。

まで後退させた。そして、降伏させたフランク族の兵士を皇帝のもとへと送り、フランク族のなかのサリイ族をライン川下流域のトクサンドリア▲に移住させた。同じくフランク族のなかのカマウィ族に対しても攻勢をかけて服従させ、ブリテン島からライン川へと穀物が運ばれている水路を確保し、船の往来をおおいに増やした。

皇帝コンスタンティウス二世がユリアヌスを副帝にして期待したのは、ローマ皇帝による統治を帝国西半で印象づけることであり、行政や軍事は皇帝の任じた部下がおこなうはずであった。しかし、この三五七年あたりから、ユリアヌスはこうした皇帝が描いた構図からはみ出す行動をおこなうようになった。

▼**トクサンドリア**　現在のベルギー北部からオランダ南部にあたる地域。

逸脱するユリアヌス

コンスタンティウス二世は、帝国領の外に居住する部族集団に対して、硬軟両方の策で対応していた。宗主的な存在として部族集団に金銭的な支援を与え、ときには軍事作戦をおこなって威圧した。ところが、ユリアヌスの方針はこれと異なり、妥協することなく、軍事的に威圧しようとした。

ストラスブールの戦いの前、ユリアヌスのもとにアラマンニ族の使節が来た。アルザス地方の彼らの耕作地をユリアヌスの軍が荒らしたので、抗議しに来たのである。彼らの言い分では、この地域での耕作はコンスタンティウス二世によって認められていたという。しかし、ユリアヌスはこれを認めないどころか、彼らをスパイとしてとらえた。のちに皇帝と対立するようになってから書いたもののなかで、ユリアヌスはコンスタンティウス二世が柔弱にもライン川の通行のために蛮族に金を払っていると非難している。

ユリアヌスは、三度ライン川をこえ、捕虜になっていた二万人もの人々を救出し、数多くの街や砦を回復した、と自ら記している。三五九年にはライン川沿いの七都市を回復し、市壁を修復した。哲学青年が、すっかり軍指揮者として行動できるようになっていた。

さらに、ローマ領内についても、行政上で注目に値する行動をとっている。フランス北部の行政単位である第二ベルギカ属州で徴税を適正化し、さらにガリア全土に渡って調査して、土地の税や人頭税の標準額を七二％も削減させたのである。

こうしたユリアヌスの行政上の措置の効果は不明である。しかし、明らかなことは、ユリアヌスの軍指揮や行政的な改革的措置は彼独自の判断で実行されており、皇帝の派遣しているガリアの行政者や将軍の頭越しになされたことである。

この当時、ガリアの行政上の最高責任者はガリア道長官たるフロレンティウスであった。また、軍隊のトップである騎兵長官は、ユリアヌスが信頼をおいたセウェルスが彼の希望に反して転任させられたのちに着任したルピキヌスであった。彼らの指示に従って、皇帝権のシンボルとしてガリアにいること。これがコンスタンティウス二世からユリアヌスに与えられた副帝としての使命だった。ユリアヌスは、史料からはその真意を明らかにはできないが、皇帝が敷いたこのレールから大きくはずれてしまった。そして、ユリアヌスは、この逸脱ののち、彼の周囲にいる支援者たちとともに、より大きな逸脱へと向かうことになる。

④—ローマ皇帝ユリアヌスの誕生

副帝ユリアヌスの周辺

ストラスブールでの大勝利ののち、三五八年から翌三五九年にかけて、ユリアヌスはガリアで精力的に働いた。この間、三五八年には皇帝コンスタンティウス二世に二度目の『頌詩《しょうし》』、つまり賞賛文を捧げている。三五九年、そして三六〇年にも、ユリアヌスは年頭に就任する名誉あるコンスル（執政官）の位に、皇帝コンスタンティウス二世とともに就任した。皇帝の指示によるものである。皇帝と副帝との関係は悪くはなかったかにみえる。

しかし、コンスタンティウス二世の宮廷では、兄ガルスに対してと同じように、ユリアヌスに対しても疑惑の目を向ける側近が少なからずいた。宮廷の実務を指揮する宦官エウセビウス▲はその代表である。ガリアの現場でも、すでにみたように、皇帝の送り込んだ道長官フロレンティウスとユリアヌスとはしばしば対立しており、関係はよくなかった。また、信をおいていた騎兵長官セウエルスは交代させられ、かわってルピキヌスが着任していた。さらに、三五九

▼**宦官エウセビウス**（エウセビオス、生没年不詳）　去勢された男子を宮廷において君主のそば近くで働かせた例は、西洋世界ではビザンツ帝国でよく知られるが、ローマ帝国でも皇帝が元老院議員など、社会的支配層から遊離して絶対君主化し、宮廷儀礼が重きをなすようになると、宦官が重要な役割を担うようになった。宦官のエウセビウスは、コンスタンティウス二世の宮廷で宮内長官として大きな影響力を行使し、ガルスをおとしいれた。またアリウス派キリスト教徒を支持した。

▼**サルティウス**（生没年不詳）　ユリアヌスの友人で、ガリアの出身。ユリアヌスの皇帝即位後は、最重要職といってよいオリエンス道の長官を務めるなど、部下としても重要な役割を演じた。皇帝の周囲の人々の信頼も厚く、ユリアヌス戦死後に皇帝に推挙されたが、これを辞退した。キリスト教徒ではなかった。

年の初めまでに、ユリアヌスにとって信頼できる部下であるだけでなく友人でもあったサルティウス▲が、皇帝の命令でガリアから転じてしまった。サルティウスが去るときに、ユリアヌスは離別を惜しむ作品を書いたほどであった。

　このように、ユリアヌスが心を許せる部下や友人が少ないなかで、彼がもっとも頼りにできる者は、小アジアのペルガモン生まれの医師オリバシウス▲であった。また、ユリアヌスのそば近くで仕える者として、リビア出身のエウエメルス▲という名の人物がいた。さらに、ガリアにはいないものの、副帝になる前に知己をえていた哲学者のマクシムスとプリスクスとは手紙を交わしており、尊敬するアンティオキアの修辞学者リバニウスとも交信していた。

　ユリアヌスが信をおける者はそば近くに多くはなかったが、戦い続け行政にも乗り出すようになっていたユリアヌスは、副帝在位の数年のあいだに、ガリアの兵士や住民の信頼を勝ちえるようになっていた。ユリアヌスもまた、そうしたガリアの人々から、帝国軍や統治の力になる者を見出して登用していった▲。勇敢に戦って属州を守り人々の生活にも配慮する副帝というユリアヌスのイメージは、マグネンティウスの反乱以来の皇帝コンスタンティウス二世に対する

▼オリバシウス（オレイバシオス、三二〇／三二五頃〜四〇三頃）　小アジア、ペルガモン出身の医師でユリアヌスの友人。ユリアヌスのガリア赴任に同行し、皇帝宣言時にも行動を同じくし、即位後も終始ユリアヌスの補佐をして、ペルシア戦線での皇帝の戦死にも立ち会った。ユリアヌスの死後は追放されたが、帰還を許されて医師として働くとともに、古代の医学書の抜粋集を作成した。

▼エウエメルス（エウヘメルス、生没年不詳）　リビア出身。この人物が、リバニウスの作品にあらわれるユリアヌスの友人で、ラテン語を話すカルタゴ人だと考えられている。

▼ガリアの人々の登用　ユリアヌスは、マメルティヌスのようなガリア出身者だけでなく、フランク族出身のネウィッタ（六一頁上段解説参照）やアラマンニ族出身のアギロなど、外部部族出身の人材も積極的に登用した。

反感も手伝って、帝国西半地域に確実に一つの政治勢力をつくりつつあったのである。

無理な要求

ミラノから東に移動した皇帝コンスタンティウス二世は、ササン朝ペルシアの攻勢に対抗するため、頭を悩ませていた。三五八年の二月にすでにササン朝ペルシアの使者がコンスタンティノープルにやってきていたが、ローマとササン朝ペルシアの関係は悪化し、三五九年になって、シャープール二世のペルシア軍はローマ帝国領になだれこんだ。

四世紀後半の史家フェストゥスの『ローマ略史』によれば、コンスタンティウス二世の治世に、ローマ帝国とササン朝ペルシアとのあいだで、おもなものだけでも九度の戦いがあったという。ティグリス川とユーフラテス川の上流に位置する両国の境界地域アルメニアの中心都市ニシビス▲は、三五〇年までに三度、ササン朝ペルシアの軍に攻囲されている。しかし、今回は、コンスタンティウス二世が副帝時代に管轄下において堅固なものとしたティグリス川上流の

▼**ニシビス**　小アジア南東部にあった都市で、小アジアからシリアへ入る交通や軍事行動の要衝であった。ローマとパルティア、そしてローマとササン朝ペルシアのあいだで、この地をめぐる争奪戦が繰り広げられた。現在のトルコのヌサイビーン（二二頁地図参照）。

拠点アミダが陥落した。この事件は、彼をひどく落胆させ、あせらせることになった。さらに、翌年にかけていくつもの拠点がローマ帝国の支配から失われ、ニシビスにもペルシア軍が迫っていた。

こうした状況を打開するために、皇帝は東部の戦線への軍の増強を決めた。それは、ユリアヌスの治下で落ち着きをえた帝国西半から、風雲急を告げる東部へ軍を配置換えしようとするものであった。この策をユリアヌスに命じるために、デケンティウスという名の皇帝の書記官がガリアにやってきたのは、三六〇年の二月ないし三月のことである。命令の内容は、ユリアヌスの麾下《きか》にあるヘルリ、バタウィ、ケルタエ、ペトゥランテスの四つの補助軍部隊を東に向かわせるように、また残った部隊からもそれぞれ精鋭三〇〇人を選び、上記の補助軍部隊とともに東に行かせるように、とのことだった。これは、ユリアヌスの軍を大きく削減するものであり、容易に受け入れられる命令ではなかった。

さらに、皇帝からの命令は、これらの軍の編成や派遣が騎兵長官のルピキヌスの監督下でなされるべきことなどを指示していた。皇帝の代理たるデケンティウスは、東に向かう軍をパリに集めることを決めた。パリは、ユリアヌスが

▼アミダ　コンスタンティウス二世が副帝時代に要塞化したティグリス河畔の町。現在の地名はディヤールバクルで、トルコ南東部の大きな都市(二二頁地図参照)。

▼パリ　パリは、ローマ時代はルテティアと呼ばれた。ローマ人が征服する前、パリシイ族の人々がこの地域のシテ島に定住地をつくっていた。前一世紀の中頃にユリウス・カエサルがガリア遠征をおこなったさい、この地域を征服し、その後急速にローマ風の道路や公共建築物がつくられて、町はシテ島にとどまらず、セーヌ川左岸に広がった。町は元の住民の名をとどめて、ルテティア・パリシオールムとも呼ばれたが、三世紀頃からパリシイの名で呼ばれるようになり、現在の市名にいたっている。

三五七年から主たる居所としてきたところである。

この軍の編成と東部戦線への派遣は、帝国を預かる皇帝の軍事戦略として、理解ができる方策だった。ガリアはユリアヌスの統治下で状況は落ち着いており、ローマ帝国は対外的にゆるぎない力をみせていた。これに対し、東部の戦線はササン朝ペルシアの攻勢にさらされている。皇帝が西半から軍隊をえて、不利になっている東部の戦線に投入し、形勢を挽回しようと考えたのは無理からぬところだった。しかし、命令には重大な難点があった。皇帝が東に動かそうとした部隊は、大半がガリアやその周辺の出身者で編成されていた。皇帝の命令は、ガリアを離れることをいやがる兵士たちを移動させようとするものだったのである。

ユリアヌス、皇帝に

ユリアヌスはこの命令に従うことにした。兵士たちをパリに集めて皇帝の命令を伝え、また将校たちをねぎらうために宴会を催した。このとき、軍の編成を監督することになっていた騎兵長官のルピキヌスは、ヘルリとバタウィの二補助軍部隊を率いて、ブリテン島にでかけていた。ブリテン島の北部からスコティ人▲やピクト人▲が侵入し、属州を荒らしたので、その鎮圧に向かったのである。行政の長である道長官フロレンティウスも、このころガリア南部のヴィエンヌにでかけていた。ユリアヌスに敵対するこの二人の重要な皇帝の部下がパリを留守にしているとき、事件は起こった。

　部隊がまもなくパリを出発せんとしていた日の夕刻、兵士たちがユリアヌスの滞在する宿舎に集まり、彼を「アウグストゥス」と呼んだ。ユリアヌスは、取り囲んだ兵士たちの手で、コンスタンティウス二世と同等の正帝と宣言されたのである。この事件は、コンスタンティウス二世に対する反乱を意味した。ユリアヌス、そしてローマ帝国の運命を変える一大事である。

　三六〇年の早春に生じたこの事件について、一般に受け入れられてきた解釈は、翌三六一年の秋にユリアヌスが書き記した『アテナイ人への手紙』での当事者自身の説明や、ユリアヌスを支持する作家の説明にもとづいたものである。それによれば、皇帝コンスタンティウス二世の軍移動命令がデケンティウスによってもたらされると、兵士たちは非常に動揺した。そして、皇帝の命令に反

▼スコティ人　古代のアイルランドに居住する人々に対して三世紀以降に与えられた呼称である。彼らは後期ローマ帝国時代にブリテン島に侵攻し、やがて島の北部を支配下において定着した。ローマ帝国の撤退後、王国を建て、その統治下のブリテン島北部地域はスコティアと呼ばれるようになり、今日のスコットランドという呼称に繋がった。

▼ピクト人(ピクティ)　ブリテン島北部に居住し、しばしばローマ帝国属州に侵攻した人々。ピクト(ラテン語でピクティ)とは「彩色された人々」の意で、刺青などをしていたためとながらく考えられてきたが、今日では単に先住者の言葉の音を写しただけとみる説もある。

▼**エウトロピウス**（三二〇頃～三九〇以後）　コンスタンティヌス大帝の治世に生まれた。コンスタンティウス二世治世に勅答をあつかう官房の長を務め、ユリアヌスのササン朝ペルシア遠征にも同行。その後も属州総督や道長官となり、三八七年には時の皇帝とともにコンスルに就任している。彼が著した全一〇巻からなる歴史書の名は、正確には『首都創建以来の略史』であり、ローマ市創建からヨウィアヌス治世の三六四年までをあつかっている。

発する匿名の手紙が書かれた。パリに結集した兵士たちに不穏な空気が漲《みなぎ》り、ついに爆発した。ユリアヌスは皇帝の命令を伝え将校を慰労する宴を開いたが、彼のまったく知らないところで陰謀が準備され、夕刻に兵士たちがユリアヌスの宿舎の周りに結集して、大声で「皇帝」と歓呼した。ユリアヌスは不可抗力で皇帝となることを受け入れざるをえず、ここにローマ皇帝ユリアヌスが誕生した。

こうした説明では、ユリアヌスは受動的な立場にあり、迫られてやむをえず帝位につくことを受諾したことになっている。しかし、本書冒頭でふれたように、一九七八年のバワーソックのユリアヌス研究書は、こうした解釈に異論を立てた。バワーソックは、ユリアヌス自身や親ユリアヌスといってよい作家の作品に従って解釈するのではなく、それらを十分吟味・批判し、また事件の一〇年ほどあとに書かれたエウトロピウス▲の史書『ローマ史要略』の一節を重視する。そこには、ユリアヌスが「兵士たちの同意を得て」皇帝とされたと書かれている。つまり、皇帝宣言は兵士たちの陰謀ではなく、ユリアヌスやその周辺が持ちかけた陰謀で、兵士たちが受動的に同意したということになる。ユリアヌスは、最初からかどうかはわからぬものの、ある段階からその陰謀に積極的に関わっていて、喜んで即位の要求に応じたというわけである。

エウトロピウスの一節のみでは不安だが、バワーソックはユリアヌスの人物像そのものを全体的に変えようとした。例えば、副帝として活動していた三五八年の終わりまでに、ユリアヌスは自分が疑いなく狡猾で有能な将軍であることをはっきりと示した。彼は、欺瞞に満ちた駆け引きを自由に駆使できる者となり、征服活動を信奉し、迅速で容赦ない、無慈悲な人間であった。このようにバワーソックはいう。このようなユリアヌスであるから、側近と十分に計画したうえで、皇帝宣言の陰謀を実行に移したとみることができる、と考えるのである。

決定的な対立へ

バワーソックの批判と新しいユリアヌス像が提出されたにもかかわらず、従来の解釈の根拠となっていた親ユリアヌス的史料の価値をすべて否定することは困難である。そのため、ユリアヌス皇帝宣言が、兵士たちの欲求にもとづいたものであったのか、それともユリアヌスやその側近たちの陰謀であったのか、どちらかは決めがたい。この時点のユリアヌスの意志や行動を正確に推測することは、困難である。しかし、このクーデタといってよい事件の真相の解明にも繋がるかもしれない重要なヒントが、事件後の状況に見出せる。

コンスタンティウス二世は、小アジア東部のカッパドキアで、ユリアヌスが皇帝と歓呼されたとの知らせを受けた。皇帝はガリアへ使者を遣わして、ユリアヌスに副帝にとどまるように命令した。また、ユリアヌスのもとに送られていた道長官のフロレンティウスと騎兵長官のルピキヌスは、ユリアヌス皇帝宣言後にガリアを離れていたが、コンスタンティウス二世は彼らの任を解いて、道長官にはネブリディウスを、騎兵長官にはゴモアリウスを任じた。しかし、解任されたフロレンティウスは、今度はドナウ川中流域からバルカン半島におよぶ領域の行政の長であるイリュリクム道長官に任命され、事実上、ユリアヌスの進軍から帝国東半を守る役割を与えられた。三六一年の年頭就任の正規コンスルにも予定されている。フロレンティウスはコンスタンティウス二世の信がよほど厚かったか、皇帝の周囲に彼を強く推挙する者がいたに違いない。

副帝の地位にとどまれという皇帝の命令に、ユリアヌスは従わなかった。しかし、すぐに皇帝と戦う準備をすることもしていない。三六〇年から翌年にかけて、ユリアヌスの軍は、フランク族やアラマンニ族と幾度も戦っている。これまでと同様、属州の安全を確保する行動を続けている。三六〇年の十一月六日には、副帝即位以来五年の祝祭をガリア南部で祝った。このころリヨン▲やアルル▲でつくられた貨幣には、コンスタンティウス二世とユリアヌスの二人の肖像が刻まれている。のちにユリアヌスが書いた『アテナイ人への手紙』でも、彼はこのころにコンスタンティウス二世への書簡で自分を「副帝」(カエサル)と書いたと述べている。

もっとも、アルルや北部のトリーア▲でつくられた貨幣では、銘が「皇帝」ユリアヌスとなっていた。事件後まもなくして、周囲はユリアヌスをコンスタンティウス二世と同等の皇帝とみるようになり、ユリアヌス自身もそれを拒否していなかったであろう。彼はコンスタンティウス二世に書簡を送り、まずは外交的に、対立の解消を求めていた。兵士たちがユリアヌスを皇帝と歓呼した事件が、兵士らの意志でなされたのか、ユリアヌスやその側近たちの計画でなさ

▼リヨン　ローヌ川とソーヌ川が合流するフランス第二の都市リヨンは、前四三年にローマ植民市として建設されて、都市としての歴史が始まった。ルグドゥヌムと呼ばれ、帝政前期にはローマ帝国領ガリア全体の中心地として、属州会議が開かれ、繁栄した。

▼アルル　ローヌ川河口近くにあり、フェニキア人、ギリシア人が居住したのち、ローマが植民市とした。円形闘技場や劇場などを備えたローマ都市として繁栄したが、四世紀以降衰えはじめた。

▼トリーア　モーゼル河畔に位置し、はじめトレウェリ族の町であったが、アウグストゥスの治世にローマの植民市となり、公共浴場や円形闘技場などの施設も整備されて繁栄した。三世紀後半からテトラルキアの時代にかけて、ガリアの中心都市として機能し、コンスタンティヌス大帝時代の宮殿が今日にも残っている。

れたものかははっきりしないものの、事件を機として、ユリアヌスの側にもはや副帝の立場にもどる意志がないことははっきりしていた。しかも、バワーソックはユリアヌス皇帝宣言事件におけるユリアヌスの側近、とくに医師オリバシウスの役割を非常に重要視しているが、事件後は明らかにユリアヌス自身が自らの決断で動いている。副帝の行為としてこれは明確な逸脱であったが、彼自身が選びとった道であり、今や非常に強い意志の力で支えられていた。

事態が急展開したのは、アラマンニ族の一集団の王ウァドマリウスがコンスタンティウス二世の指示を受けてユリアヌスを攻撃しようとしているという陰謀が発覚したときである。この陰謀は兵士を刺激した。そして、コンスタンティウス二世の派遣したガリアの新しい道長官ネブリディウスの仕業《しわざ》と疑われ、彼は兵士に殺されそうになった。ユリアヌスの仲裁のおかげで彼は殺されずにすみ、ガリアから逃亡した。ユリアヌスは、もはや外交ではなく、力でコンスタンティウス二世と対決する決心をした。コンスタンティウス二世の妹でユリアヌスの妻ヘレナは、三六〇年の終わりまでに死去しており、かつてユリアヌスを苦境から救ってくれた皇后エウセビアも同じころに世を去っていた。もはや二人のあいだを取りもつことができる者はいなかった。

ユリアヌス、東へ

ガリアには、ユリアヌスとともに戦ってきた軍があった。しかし、その勢力は、コンスタンティウス二世が指揮できる軍勢に比べれば、ずっと少なかった。しかも、彼らをみな、コンスタンティウス二世との戦いにつれていくわけにもいかなかった。そのため、ユリアヌスは、軍を実際以上に強大であるよう見せかける必要があり、また十分準備が整っていないであろうコンスタンティウス二世の軍を倒すためには、迅速に移動し味方をふやすことが肝要だった。そこで、ユリアヌスは自軍を四分して、まず信頼するサルスティウスを軍の一部とともにガリアに残し、他の軍を三つに分けて進軍することに決めた。

一隊はヨウィヌスに率いられて、北イタリアをとおってイリュリクム道へと進み、もう一隊はネウィッタが率いてアルプス山脈とドナウ川のあいだを東へ進むルートをとることにした。ユリアヌス自身は三〇〇〇人の兵士をつれ、現在のドイツの南部、シュヴァルツヴァルトの南からドナウ川上流域に出て、現

▼サルスティウス（生没年不詳）　ガリア道の長官となり、三六三年にユリアヌス帝とともにコンスルとなった。副帝ユリアヌスの友人サルティウス（五〇頁上段解説参照）とは別人。

▼ネウィッタ（生没年不詳）　フランク族出身の軍人で、ユリアヌスに登用されて、騎兵長官となり、三六二年にはコンスルに就任した。ササン朝ペルシア遠征にも同行した。

▼シュヴァルツヴァルト　ドイツの南西部、バーデン・ヴュルテンベルク州にある森林地帯。

ドイツのウルム市のあたりから乗船し、一気にドナウ川を船でくだってヨーロッパ中央部へと進もうというものだった。三六一年の七月、ついに進軍が始まった。ユリアヌスは、もどれぬ道に歩み出したのである。

あっけない幕切れ

ユリアヌスの作戦はあたった。船で一気にドナウをくだったユリアヌス軍の到来に驚いて、イリュリクム道の防衛を皇帝から指示されていたフロレンティウスらは逃亡し、ユリアヌスは十月にはシルミウムまで到達した。しばらく前までコンスタンティウス二世の滞在地となっていたこの町で、ユリアヌスは歓迎された。さらにナイッススに進んだ。もちろん、すべてがユリアヌスの思ったとおりに進んだのではない。北イタリアの都市アクィレイアはコンスタンティウス二世に味方して、ヨウィヌス率いるユリアヌス軍の進軍に抵抗した。

ユリアヌスは、軍を進めながら、自分の決起と進軍の正当性を知らせるために、ローマ市の元老院や帝国の主要な都市に書簡を送って説明している。これらの書簡は、本書ですでに幾度も言及している『アテナイ人への手紙』を除け

▼ウルム　ドイツ南西部、バーデン・ヴュルテンブルク州の都市。ドナウ川左岸に位置する。

▼シルミウム　現在のセルヴィアのスレムスカ・ミトロヴィツァにあったローマ時代の都市。サバ川河畔に位置し、帝政初期にローマに占領され、ローマ都市として発展した。属州パンノニアの中心都市となり、三世紀にはこの町から多くの軍人皇帝が生まれた。

▼ナイッスス　現在のセルビアのニシュにあったローマ都市。前一世紀にローマ軍の要塞が築かれてから発展し、交通と軍事行動の要衝として繁栄した。コンスタンティヌス大帝の生地である。

ば今日残っていないが、残されたものから推測するに、書簡にはユリアヌスのコンスタンティウス二世に対する強烈な敵意が込められていたと考えられる。『アテナイ人への手紙』には、単に今回の進軍の説明だけでなく、幼児の自分を孤児にした三三七年の首都での兵士たちの暴動、コンスタンティヌス大帝親族虐殺事件が持ち出され、父や兄を殺害した責任がコンスタンティウス二世にあるとの積年の思いが吐露されている。

　ユリアヌスが遅れている陸上移動の友軍部隊の到着を待っていたところ、コンスタンティウス二世のほうはササン朝ペルシアとの対峙を切り上げて、西へと軍を返し、進軍していた。ところが、小アジアのキリキア▲まで来たときに、コンスタンティウス二世は突然病気になり、モプスクレナ▲で死去したのである。十一月三日のことであった。十一月の末にはユリアヌスにもその知らせが届いた。あっけない幕切れにより決戦は避けられ、ユリアヌスはただ一人のローマ皇帝となった。史家アンミアヌスは、「皇帝が死の床でユリアヌスを後継者に指名した、といわれている」と記している。

▼キリキア　トルコ南東部の地中海に面した地域の古代の名称。前二世紀末に東部が、前一世紀前半には西部もローマ帝国領となった。中心都市はタルソスで、使徒パウロの生地である。

▼モプスクレナ　小アジアのキリキア地方、タルソス近くの宿駅。

コンスタンティノープルで

十二月十一日、ユリアヌスはついに皇帝としてコンスタンティノープルに入った。そして、まずおこなったことは、前皇帝コンスタンティウス二世の葬儀であった。ユリアヌスは、激しく憎んでいた敵である前皇帝の葬儀を、キリスト教の方式で丁重におこなった。これは、争っていたとはいえ、自分がコンスタンティヌス大帝家の一員であり、コンスタンティウス二世の正統的な後継者であることを周囲に示すためである。このころには、北イタリアでユリアヌス軍に抵抗していた都市アクィレイアの守備隊も恭順していたが、コンスタンティウス二世に忠誠を誓ってきた軍隊を自らの指揮下に従わせるために、帝位継承の正当性を明示する必要があったのである。

ついでユリアヌスがおこなったのは、前皇帝の治世に自分を苦しめた皇帝側近に対する裁判と懲罰であった。宦官のエウセビウス、書記官の「カテナのパウルス」はもとより、ガリア道長官としてユリアヌスと対立したフロレンティウスや彼とともに三六一年の執政官となったタウルスなどが被告とされた。ただし、フロレンティウスは逃亡中だった。

この者たちに対する裁判について、ユリアヌスは巧妙なやり方をとった。自らは直接関与せず、しかも裁判をコンスタンティノープルではなく、海をへて対岸にあるカルケドンで、信頼厚いサルティウスに主宰させた。カルケドンでの法廷開催は、ユリアヌスが圧力をかけたり、新皇帝の利害に応じて判決を出したりすることはないと周囲に思わせるために有効であったが、それだけでなく、裁判の過程をコンスタンティノープルの人々の目から隠すこともできた。

このカルケドン裁判は、ヨウィアニとヘルクリアニという二つの軍団の将校たちが出席する場で開かれ、判事役を務めた者たち六人のうち、四人が軍人だったから、軍事法廷に近い様相を呈した。しかも、被告のほぼ全員が文官だった。のちに、史家アンミアヌスらは、この裁判でウルスルスという人物が死刑となったことを誤った判決と批判している。史家によれば、ウルスルスは、ガリアで財務を担当中に孤立した副帝ユリアヌスをよく助けたにもかかわらず、東部戦線でコンスタンティウス二世の軍の兵士たちに軽蔑的な言辞を弄したことで憎まれていたため、この裁判で死刑とされた。また、コンスタンティウス二世の将軍アギロ、そして被告エウセビウスと繋がりがあり、ユリアヌスに向

▼カルケドン裁判に関する新しい研究　本書末尾の参考文献一覧にある小坂俊介氏の研究を参照されたい。

かって軍を率いていた将軍アルビティオが、こともあろうにこの裁判で判事になっていた。こうした状況から、カルケドン裁判は、ユリアヌスがコンスタンティウス二世の軍隊の支持をえるためにおこなわせた、と研究者たちは解釈している。

こうした事実経過の理解や解釈は、史家アンミアヌスの記述によるところが大きい。彼はウルスルスを高く評価し、その処刑について、「正義の女神が泣いているに違いないと私には思われる」と書いている。また、文官を軍人が裁いているような印象もある。なぜユリアヌスはアルビティオを判事に任命し、ウルスルス処刑に同意したのか、疑問がわく。

しかし、近年では、こうしたアンミアヌスの記述に依拠する裁判の解釈を批判する研究が出されている。▲判事であったコンスタンティウス二世の将軍アギロもアルビティオも、皇帝死後すぐにユリアヌスに恭順しており、またこの裁判はコンスタンティウス二世時代の文官支配を軍人が覆そうとしたものでもない。被告たちが処罰された真の理由は、コンスタンティウス二世治下での彼らの不正行為であり、ユリアヌスも判決に従わざるをえなかったのである、と。

事件の真相は、こうした新しい説明のようであった可能性がある。ただ、ユリアヌスにとっては、コンスタンティウス二世の正統な後継者と自らを位置づけると同時に、新しい統治が始まるにふさわしく、敵対した前皇帝の統治を清算しておく必要があった。彼が、コンスタンティノープルではなく、少し離れたカルケドンに法廷を開かせたのは、こうした自身のアンビバレントな立場を踏まえてのことだった。そして、そうした立場を認識し、ことを判断・実行できる政治家に、このときユリアヌスはなっていたのである。

改革の試み

ユリアヌスは、皇帝としてコンスタンティノープルの宮廷に入り、料理人や散髪屋、給仕などが異様なほど多くいることに驚いた。ユリアヌスの友人で師でもあるリバニウスは、当時宮廷には、料理人が一〇〇〇人、散髪屋も一〇〇〇人いたと書いている。ある日、ユリアヌスが散髪屋を呼ぶと、散髪屋は財務を与《あずか》る官僚のような衣装を着て、召使いを連れてあらわれ、新皇帝を驚愕させた。コンスタンティウス二世の宮廷には宦官も数多くおり、皇帝の周辺での生活は奢侈《しゃし》を極めていた。哲学を友とし、禁欲的な生活を旨とするユリアヌスには、こうした宮廷のありようは絶対に許せなかった。新皇帝はただちに宮廷の掃除を始めた。不要と思われる者たちを宮廷から追い出したのである。

ユリアヌスは、前皇帝が重用した書記官や「アゲンテス・イン・レブス」▲と呼ばれる官僚など、事実上皇帝の密偵として暗躍する者たちも排除した。この密偵を除去したことで、彼らが乱用していた公共輸送制度の維持のための負担(宿舎や馬の提供など)を負って苦しんでいた都市を助けた。また、コンスタンティノープルにできてそれほど時間がたっていない元老院や、各地の都市の参事会の強化に努めた。とくに、都市の財務上の立てなおしに意を用い、税を軽減し、また都市が皇帝に競って献上してきた「黄金冠」という特別の支出を免除した。

こうしたユリアヌスの改革的措置は、彼や彼の支持者の目からみれば、国家と宮廷の正常化、ないし健全化であった。しかし、官僚制が膨張し宮廷も肥大化して、皇帝の権威もしだいに儀礼に寄りかかるようになっていたコンスタンティヌス大帝以降のローマ帝国においては、それにふさわしい出で立ちと行動で

▼**アゲンテス・イン・レブス**　後期ローマ帝国時代の国家警察官吏。おそらくディオクレティアヌス帝によって導入され、伝令や公共輸送の監督、治安の維持を担当したが、スパイ的活動や警察権の乱用によって、民衆からひどくきらわれた。五世紀になると、一〇〇〇人以上の軍隊組織となった。

初めて皇帝と認知される、そんな政治文化状況があった。質素な衣装で簡素な生活を旨とするユリアヌスは、当時のローマ皇帝のあるべき姿からはずれていた。

副帝としての振る舞いから逸脱してついに皇帝となり、皇帝となってからも、これまでの皇帝のありようから逸脱してしまったユリアヌス。しかし、これらは、彼自身が選びとった道であった。そして、逸脱した皇帝は、さらに逸脱した振る舞いへと進む。それが、後世彼に「背教者」の名を負わせることになる伝統宗教の復興である。

⑤—伝統宗教の復興

古代ギリシアへの憧憬から宗教的寛容へ

ユリアヌスは誕生後、キリスト教徒として育てられた。また、家族を殺害されたのちのユリアヌスと兄ガルスの生活を監督したのも、アリウス派に近い司教エウセビウスであった。幼いユリアヌスにとって、キリスト教は、父・兄らの虐殺に続いた孤独で不自由な生活と密接に結びついたものであり、規律と強制そのものだった。これに対し、母の教師だったマルドニウスから教授された古代ギリシアの文学作品は、甘美な装いをとりながら、真の美徳と勇気、自由とはなにかを教え、孤独な少年ユリアヌスの心の支えとなっていった。

カッパドキアでの幽閉生活からコンスタンティノープルにもどったあと、今度はギリシア哲学にも親しむようになったユリアヌスは、新プラトン主義の流れをくむ人々に師事し、親交を深めた。そのなかで、文学世界にとどまらないギリシア文化の深みを学ぶとともに、キリスト教とは異なる「神々」との交信をおこなう術を知りたいと思うにいたった。青年ユリアヌスは、規律と強制をもたらすキリスト教から離れて、宗教心の自由な空間を獲得しなければならないと考えるようになった。しかし、個人の信仰のレヴェルであれ国家の宗教政策のレヴェルであれ、それを実現することは、若くてなんの権力もないユリアヌスには不可能だった。

伝統宗教復興の始まり

そのような無力なユリアヌスが、数奇な運命で、ガリアにおいて絶大な権力をもつ皇帝と宣言された。しかし、ユリアヌスは慎重だった。皇帝と宣言されたあとも、すぐに伝統宗教を信仰していることを表に出しはしなかった。彼は、皇帝宣言後の三六一年一月にも、ガリア南部のヴィエンヌでおこなわれたキリスト教の祝日(救世主顕現の日)の祈りに出席している。

だが、コンスタンティウス二世との対立が鮮明になると、ユリアヌスの方針は変わった。三六一年七月に東に向かって進軍を始めると、しだいに伝統宗教復興の意志を側近たちに示し、行動に移すようにもなった。史家アンミアヌスは、ユリアヌスがコンスタンティノープルに入城するまで自分の伝統宗教信仰

▼**トラヤヌス帝**（在位九八～一一七）ローマ皇帝。スペイン出身家系の出で、父親の代からの貴族だが、軍事に優れ、属州ゲルマニア総督のときにネルウァ帝の養子となり、ローマ皇帝となった。遠征をおこなって領土の拡大をはかり、元老院との協調も保って、「最良の元首」との称号をえた。図はウィーン美術史美術館所蔵のもの。

を隠していたと書いている。しかし、ユリアヌス自身の書き物に照らせば明らかであるように、すでに進軍の途上で、側近や兵士たちにわかるように行動しはじめている。

ユリアヌスは、ドナウ川中流域のナイッススにおいて、敵であったコンスタンティウス二世の急逝の報告をえてからは、もはや伝統宗教信仰を隠す理由がなくなったと判断したためだろう、新プラトン主義者のマクシムスに宛てた書簡のなかで、公然と伝統的な神々をあがめる儀礼をおこない、雄牛を犠牲獣として捧げていると書いている。コンスタンティウス二世と戦わずに難題を克服できたことについて、ユリアヌスは、「神」ではなく「神々」に感謝したのであった。

ドナウ川中流域を進むあたりから、ユリアヌスは髭をたくわえはじめた。ローマ皇帝は、少なくとも彫像で見るかぎり、二世紀初めの五賢帝第二番目のトラヤヌス帝▲までもきれいに髭を剃っている。しかし、その次のハドリアヌス帝▲からは髭をたくわえるようになり、そうしたスタイルが三世紀まで継続した。しかし、現在ローマ市のカピトリーニ美術館にある頭部像（二頁上段解説参照）が

●—**ユリアヌス**　三六一年から三六三年の間にアンティオキアでつくられたソリドゥス金貨。ユリアヌスの顔には立派な髭がある。

●—**ハドリアヌス帝**（在位一一七〜一三八）ローマ皇帝。トラヤヌス帝の従兄弟の子で、皇帝位継承者となる。征服戦争はひかえて帝国巡察を積極的におこない、ギリシア都市の支援やブリテン島での防壁建設など、数々の成果をあげた。しかし、元老院との関係は悪く、死後危うく「暴君」の判定を受けるところだった。図はルーブル美術館所蔵のもの。

●—**マルクス・アウレリウス**（在位一六一〜一八〇）　ローマ皇帝。スペイン出身家系の貴族の子として生まれ、幼いころからハドリアヌス帝にかわいがられ、帝位継承者のアントニヌス・ピウスの養子とされた。一六一年のアントニヌス・ピウス帝死後に即位。治世は、初期にパルティアとの戦争があり、一六〇年代後半から治世末期まではドナウ辺境での北方部族との戦争に苦しんだ。ストア派の哲学を奉じ、心の日記といってよい『自省録』を残している。図はルーブル美術館所蔵のもの。

示すように、四世紀初めのコンスタンティヌス大帝の顔では、ふたたび髭がきれいに剃られている。貨幣で見ても、次のコンスタンティウス二世にも髭はない(三二頁参照)。これに対して、ユリアヌスは髭を伸ばした。憧れていた哲学者皇帝マルクス・アウレリウスに近づこうとしたのだと解されることが多いこのユリアヌスの行動だが、バワーソック▲も指摘するように、髭には伝統宗教の信徒のイメージがあり、ユリアヌスが明らかに一歩踏み出したことを示しているとみることもできる。

コンスタンティノープルでの宗教政策

ユリアヌスの伝統宗教復興策は、もちろん彼のかねてからの信条であった古代ギリシア文化の再生と直結するものではあったが、現実的には皇帝権力と直結して大きな政治勢力をなしているキリスト教に対抗する措置であり、キリスト教信仰の厚いコンスタンティウス二世に対抗する意味合いも有した。もっとも、単独皇帝となったユリアヌスにとっては、まずはコンスタンティウス二世の支配を自らの統治体制へと転換させることが必要であり、キリスト教勢力に

▼**エウスタティウス**(エウスタティオス、生没年不詳)　カッパドキア出身の新プラトン主義哲学者。イアンブリコスの門下生。優れた弁論家でもあり、ササン朝ペルシアの王への

使者にもなっている。伝統宗教を奉じた。宮廷を訪れるが、ユリアヌスが故郷にもどることを認めたのち、まもなく没した。

▼**アエティウス**（生没年不詳）　アンティオキアのキリスト教徒。あまり過激ではないアリウス派の立場をとり、ユリアヌスの兄のガルスがアンティオキア滞在時に影響を与えた。ガルス処刑後にコンスタンティウス二世によって追放されたが、ユリアヌスによってコンスタンティノープルに呼び寄せられた。

▼**バシリウス**（聖バシレイオス、三三〇頃〜三七九）　キリスト教の司教で、東方の四大教父に数えられる人物。小アジア、カッパドキアのカエサレアのキリスト教徒の家に生まれた。コンスタンティノープルでリバニウスに修辞学を学び、三五五年頃、アテナイで哲学を勉強していたときにユリアヌスと知り合いになった。ユリアヌスはカエサレアにいる彼をコンスタンティノープルにまねこうとして手紙を出したが、断られた。小アジアのポントスに修道院を建て、カエサレアなどの司教を歴任した。

対する措置も、その政策のうちで成し遂げられねばならなかった。そのため、ユリアヌスはキリスト教に対する姿勢を先鋭なものとはしなかった。まず政権を強化するべく、さまざまな人々に声をかけて、コンスタンティノープルに招聘しようとした。そのなかには、新プラトン主義者のマクシムスやエウスタティウスだけでなく、キリスト教徒のアエティウスやバシリウスもいたのである。

　コンスタンティウス二世の統治からの転換を試みるユリアヌスは、すでに前章で述べたような諸改革を試みたが、宗教面でも穏やかなかたちで、前皇帝の体制を変更する施策をおこなった。まずアリウス派を奉じた前皇帝によって追放されていたアタナシウスら正統派キリスト教の指導者に特赦を与えて帰還を認めている。さらに、宗教寛容令といってよい勅令を出した。これによって、コンスタンティウス二世によって禁じられていた、伝統宗教の神々に犠牲獣を捧げる儀礼が認められ、閉じるように命じられていた神殿がふたたび開かれるようになった。

　この施策は、あくまでも広く信仰の自由を認めようとするものであり、それだけでも、キリスト教、とくにアリウス派に拠ったコンスタンティウス二世の不寛容な体制からの転換を意味している。しかし、ユリアヌスとしては、正統派の指導者の復権を認めることで、前皇帝時代に皇帝周辺で政治権力と結びついていたキリスト教勢力に、内部対立のくさびを打ち込むことができた。しかも、追放を解除したアタナシウスに、郷里に帰還しても元の司教区の指導者にもどることは許さなかった。正統派を支援する気持ちはまったくなかったからである。キリスト教徒たちは、コンスタンティヌス大帝以来の皇帝から受けた支援を、新皇帝ユリアヌスからはなにも期待できないと感じるようになった。

先鋭化するユリアヌスの宗教施策

ユリアヌスがコンスタンティノープルに入ってまもなくの三六一年の年末、エジプトのアレクサンドリアで市民の暴動が起こり、司教のゲオルギウスが殺害された。このゲオルギウスは通常「カッパドキアのゲオルギウス」と呼ばれるアリウス派の司教で、ユリアヌスが少年時代に小アジアで隔離の日々を過ごしていたときに利用することができた一大蔵書の持ち主だった。ユリアヌスは、正当な裁判手続きの結果を踏まえずに司教を処分してしまったことについて、アレクサンドリアの人々を批判し、この暴動にはキリスト教徒内部の、正統派とアリウス派との対立があると示唆した。そして、殺害の犯人がおそらくキリスト教徒でなかったにもかかわらず、処罰しなかったのである。このため、キリスト教徒の側には、今後危害を加えられても皇帝が守ってくれそうもないことがはっきりと認識されるようになった。

ユリアヌスは三六二年の六月になると、学校の教師に関する勅令を出した。この勅令は、文法・修辞学・哲学という、この時代の中等教育・高等教育科目について、伝統宗教を信仰する者がこれらを教授すべきであると定めていた。これらの学問は伝統宗教の文化の上に成り立ったものであるから、伝統宗教を信仰しない教師には教える資格がないというわけだった。キリスト教徒は学校で教えること自体は禁じられなかったが、ギリシア・ローマ的な中等教育・高等教育に携わることはできなくなったのである。

四世紀の半ばを過ぎたこの当時のキリスト教は、伝統的なギリシア・ローマ文化から学び、また伝統的な社会や文化との調整を試みながら自らの規範をつくりつつあった。そうしたなかで、伝統的な文化を学び教える場からキリスト教徒を排除しようとする新皇帝の姿勢は、キリスト教会の理論指導者を激怒させることになった。

ユリアヌスは、統治体制の転換のため、政治勢力としてのキリスト教徒を弱体化することを試みた。出された命令はあくまでも伝統宗教をはじめとする諸宗教、諸宗派の信仰に対して宗教的寛容を実現するものであり、決してキリスト教徒を迫害するものではなかった。ディオクレティアヌス帝以前の諸皇帝がおこなったような迫害を、ユリアヌスは終生おこなうべきではないと考えていた。しかし、皇帝たちから保護・支援を受けてきたキリスト教会には、彼の施策は迫害に等しいと感じられたであろう。そして、学校教師に関する勅令は、キリスト教徒を事実上排斥する命令だった。ユリアヌスの施策は、明らかに宗教的寛容とは矛盾するものになっていった。

アンティオキアのユリアヌス

ユリアヌスは、体制転換のために戦ったコンスタンティノープルでの日々をわずか半年ほどで切り上げ、東へと向かった。前皇帝を苦しめていたササン朝ペルシアの脅威が、ユリアヌスをも東方の戦線へとまねき寄せたからである。

コンスタンティノープルを発《た》ち、小アジアに所在する古《いにしえ》の神殿や神域などを訪ねて復興のための支援を施したのち、三六二年七月十八日、ユリアヌスはシリア地方の中心都市アンティオキアに到着した。そして、翌三六三年の三月に出発するまで、この都市にササン朝ペルシアとの戦いのための本営をおくとともに、皇帝政治の拠点とした。

アンティアオキア市は、ヘレニズム時代にセレウコス朝(前三一二頃~前六四年)によってオロンテス川の南側に建てられた町で、ローマ時代は属州シリアの中心地として栄えていた。伝統宗教が信奉され、そのための儀礼や祭典がなされていた。郊外の景勝地ダフネ▲には、神託を与えるアポロン▲の聖域もあった。また、誕生の地が近いゆえ、キリスト教も早くから広まっており、司教座がおかれ、ローマ市やアレクサンドリア市につぐキリスト教会の重要な拠点であった。さらに、ユダヤ人が多く居住しており、文化的・宗教的には非常に複雑な様相を呈する都市であった。

アンティオキアに来たユリアヌスは、この都市が財政上厳しい状態にあり、

▼**ダフネ**(ダプネ)　アンティオキア南方の景勝地で、セレウコス朝時代にアポロンの神域がつくられ、浴場や劇場も設けられた。ローマ帝国支配下でも繁栄し、遊興の場所として名高かった。

▼**アポロン**(アポロ)　オリュンポスの十二神の一柱で、弓や医術、音楽など多くの事柄をつかさどり、ギリシアの神々でもとくに広く信仰を集めた神である。主神ゼウスとレトの子とされ、デルフォイでは神託所が設けられた。ローマ人の世界でもアポロとして、たいへん重要な神であった。

食糧難の問題をかかえていることを知った。食糧難の第一の原因は干ばつであったが、軍隊の駐屯、とりわけユリアヌスの率いる軍の到着がもたらした費消の増加も食糧難の深刻化の原因となっていた。都市財政を支える都市参事会員の数が少ないので、ユリアヌスは富裕な市民を都市参事会員として登録した。そして、この都市の市民とともに難題を解決し、帝国の東部での拠点としてふさわしい町にしたいとユリアヌスは張り切った。税金の滞納分を帳消しにするなどの措置もした。

ところが、彼の期待は大きく裏切られることになった。都市の富裕者たちは狡猾に商売をして儲けることはしても、市の財政に貢献することはしなかったからである。ユリアヌスは、高値になっている物の値段をさげるため、公定価格を定めたり外部から穀物を持ち込んだりするなど、いくつかの方策をとったが、アンティオキアの富裕者たちはその策の不備を突いて穀物などを買い占め、巨利をえた。

失望するユリアヌス

都市の財政状況の改善や民生の安定を望んでいたユリアヌスの落胆は大きかったが、さらに皇帝の心を萎《な》えさせたのは、この都市の市民たちの信仰に対する態度だった。

ユリアヌスは、この都市においてもギリシア・ローマ的な伝統宗教の復興を望んでいたが、そのなかでも儀礼、とくに犠牲獣を捧げる儀式を重視した。そもそも伝統宗教にはキリスト教の聖書のような聖典がなく、むしろ儀礼に参加することのなかで宗教の本質にふれることが大切であった。とりわけ、新プラトン主義の影響を受けたユリアヌスは、神々は「一者」から「流出」して世界秩序をなし、文化を与えるものであり、人間はこの神々に学び感謝して、儀礼をおこなって犠牲獣を捧げる必要があると考えた。それによって、神々との交信が可能になると思っていた。ユリアヌスは、神々への感謝のために犠牲獣の血を祭壇に捧げ、肉を焼いて煙を立ちのぼらせることを重視し、その機会こそ神々との交信ができる神聖で厳粛な場とみなした。

これに対し、アンティオキアの市民たちは、祭典やそれにともなう競技会などを熱心におこなうことで、伝統宗教の振興についての皇帝の要求に応えようとした。だが、ガリアを出るときからきわめて禁欲的な生活と信念をもっていたユリアヌスは、こうした放縦な市民たちの態度を許せなかった。観劇や宴会ばかりに熱心なアンティオキア市民の行動は、ユリアヌスにはただ快楽的としか見えなかったのである。

一方、アンティオキアの人々は、犠牲獣を捧げることばかりを重視し、それを絶えずおこなうように求めてくる皇帝の真意が理解できなかった。そして、観劇や戦車競走場での娯楽を否定する皇帝の態度に反感をもった。アンティオキアの人々とユリアヌスの関係はしだいに険悪なものとなった。

ユリアヌスの逸脱

こうした対立のなかで、ユリアヌスをさらに怒らせる事件が起こった。三五一年に兄ガルスが副帝としてこの都市に滞在中、アンティオキア出身の殉教者バビュラス▲に捧げた堂廟を奉納していた。しかし、その建物はアンティオキア近郊の景勝地ダフネのアポロン神の神域、とくにカスタリアの泉の近くにあっ

▼**バビュラス**（二五一年ないし二五二年頃没）　二四〇年頃にアンティオキアの司教だった人物で、ローマ皇帝デキウスのキリスト教徒迫害で殉教ないし獄死した。

た。神託を与えるゆえにかつては参詣者もいたこの泉を、ユリアヌスは復興しようと考え、堂廟を移転するように命じた。ところが、再建中のアポロン神の神殿が、放火とおぼしき火災によってまもなく焼失したのである。激怒した皇帝は殉教者を崇拝する人々を犯人扱いして、アンティオキアのキリスト教の大教会を閉鎖し、祭具を没収した。

それでも、ユリアヌスは、皇帝権力を振りかざしての迫害をすることはしなかった。そのかわりに、多くの文章でもって「敵」に対抗し、また説得しようとした。彼の書いた作品の多くは、アンティオキア滞在中に書かれたと推測されている。その書き物は、しだいに激しい調子の、皮肉に満ちたものとなり、やがて絶望感を示すだけのものとなった。キリスト教の教えや教徒の行動について批判する論文や、『皇帝たち』の題名で伝えられる風刺作品などがそれである。『皇帝たち』では、キリスト教を公認し支援を与えた伯父であるコンスタンティヌス大帝が伝統の神々を捨てた傲慢で淫乱の輩と手ひどく攻撃され、一方で哲学者皇帝マルクス・アウレリウスが禁欲的な君主の理想として描かれている。

アンティオキアの市民たちは、三六三年にはいるとユリアヌスに対する反発をますます強め、皇帝の髭を揶揄し、その禁欲的なやり方を皮肉った。ユリアヌスはこれに対し、『ミソポゴン』と題する作品を発表して反撃した。『ミソポゴン』とは「髭ぎらい」という意味であり、自嘲気味な皮肉を展開しつつ、アンティオキアの人々の自分に対する攻撃の愚かさを指摘し、反論した。しかし、そこには、努力してあれこれ政策をほどこしても理解されなかった統治者の悲しさとむなしさがにじみ出ている。皇帝の失望と孤独感は深まるばかりだった。

史家アンミアヌスは、ユリアヌスが三六三年の三月五日にササン朝ペルシアへの遠征に出発するにさいし、アンティオキアの統治をヘリオポリスのアレクサンデルなる人物に委ねたと記している。史家は、このアレクサンデルなる男が乱暴・残虐な男であることをユリアヌスは承知していたが、アンティオキアの住民のような貪欲で反抗的な人々を治めるにはこのような男がふさわしいと考えた、と説明している。もしこの史家の説明が正しいとすれば、ユリアヌスのアンティオキアの人々に対する恨みがいかに大きかったか、私たちは理解するのである。

こうして、アンティオキアでのユリアヌスの滞在は、新体制の恩恵をこの東方の大都市にも届けようとする彼の当初の意志に反して、さんざんな結果となった。アンティオキアの人々も、コンスタンティウス二世の時代を懐かしむほどになっていた。ユリアヌスの行動は政治的な方策としても完全に失敗だったのである。

伝統宗教復興の結末

ユリアヌスの伝統宗教復興の試みは、キリスト教徒の反発をまねいただけでなく、キリスト教徒ではない人々も驚かせ、困惑させた。彼は、新プラトン主義的な自らの哲学観にもとづき、しかも驚くほど禁欲的な生活態度においてそれを実現しようとした。それまでの伝統宗教とは異なるきわめて特異な信仰のあり方、都市生活の現状では理解されにくいことを、ユリアヌスは人々に求めてしまったのである。こうした行動は、伝統宗教の復興を考えていた初期のユリアヌスの態度や心情とはもはやかけ離れていた。不寛容なキリスト教の支配から逃れようとしていた彼自身が、今や人々に不寛容な要求をしていたのであ

▼**コンスタンティヌス朝**（三〇七〜三六三年）　コンスタンティウス一世からユリアヌスまで続いたローマ皇帝家。コンスタンティウス一世はバルカン半島北部のローマ領イリュリクム地方の生まれで、息子のコンスタンティヌス大帝もナイッスス（六二頁上段解説参照）で生まれた。

る。それは、信仰心の自由を求めた若き日のユリアヌスに照らせば、大きく逸脱していた。同時に、それは、人間らしくおおらかな伝統宗教の基調からの逸脱でもあった。

ユリアヌスの宗教に対する思考の基盤には、「ギリシア人」の思いがあった。彼は自分を「ギリシア人」であると自称していた。彼の家系、コンスタンティヌス朝▲はバルカン半島北部の出であるが、精神はギリシア人であるとし、文学作品や哲学を学ぶことで誰もがギリシア人になれると考えていた。本書では、これまで伝統宗教を「ギリシア・ローマ風の」と形容してきたけれども、ユリアヌスの場合、伝統宗教とは、正確には彼の考える「ギリシア人」の宗教だった。実際に彼の伝統宗教復興の試みが展開したのも、ローマ帝国のほぼ東半分、いわゆるギリシア語文化圏にかぎられている。それは、ローマ帝国という巨大な政治的構築物を統合してきた「ローマ理念」とは異なる精神によっていた。ユリアヌスは、広大な帝国を統べるローマ皇帝がもつべき理念からも遠ざかっていたのである。

⑥—ペルシア戦線での悲劇

ペルシア戦線への出発

三六三年三月五日、ユリアヌスはササン朝ペルシアへの遠征の途についた。コンスタンティウス二世、遡ればコンスタンティヌス大帝の治世から懸案になっていたササン朝ペルシアとの対立は、依然としてローマ帝国の難題であり続けていた。皇帝ユリアヌスは、六万人以上(八万以上という説もある)の大兵力を率いて、アンティオキアから北東に進んだ。

ユリアヌスのローマ軍には、ガリア時代以来の部下であるネウィッタらも指揮官として参加した。ユリアヌスにすぐそばで仕える者として、これもガリア時代以来の医師オリバシウス、そして哲学者のプリスクスやマクシムスも従軍していた。しかし、ユリアヌスの率いる遠征軍には、かつてコンスタンティウス二世が率いていた兵士が多く含まれていたし、かなりの数のキリスト教徒兵士も従軍していたため、こうした兵士たちを命令に服させ、ササン朝ペルシア軍との困難な戦いに従事させるためには、皇帝として相当大きな努力と工夫がユリアヌスに求められた。

ところで、なぜユリアヌスが対ササン朝ペルシア戦線に向かったのか、その積極的な動機は史料からは明確ではない。さきにササン朝ペルシアとの対立関係がユリアヌス治世も続いていたと述べた。そのことは間違いないし、帝国領の安寧確保をローマ皇帝の責務と考えて、ユリアヌスは遠征を決意したということが、少なくとも表向きは第一の理由であっただろう。ただ、ユリアヌスがアンティオキアにやってきたササン朝ペルシアの使節をにべもなく追い返しているところから、戦争を起こす積極的な意志をもっていたことがわかる。史料には、ユリアヌスが「パルティクス」(パルティア人に対する勝利者の意。ここでは「パルティア」とはササン朝ペルシアのことを指す)の称号を欲していたことや、この地域に遠征した歴史上の大人物、アレクサンドロス大王▲とローマ皇帝トラヤヌスとをユリアヌスが理想としていたことに言及するものもある。

だが、もっと重視されてよいのは、ユリアヌスがおかれていた立場である。ユリアヌスには、コンスタンティウス二世からの政権移行を確実なものとし、思うように進んでいない伝統宗教の復興に向けて帝国住民を動かすために、皇

▼**アレクサンドロス大王**(在位前三三六〜前三二三)　マケドニア王。前三三四年に東方へ遠征に出たアレクサンドロスは、前三三一年の戦いでアカイメネス朝ペルシア帝国を崩壊に追い込み、前三二三年にバビロンにもどるまで、東へ東へと征服戦争を続けた。

帝としての威信を高めることが必要だった。そのためには、コンスタンティウス二世がなしえなかったササン朝ペルシアに対する勝利をおさめることが有効と考えられた。戦勝の気運に乗って兵士たちをまとめあげ、一挙に伝統宗教の威光を広めたいという皇帝の戦略は十分想定できよう。そもそもユリアヌスが皇帝にまで到達できたのは、ガリアにおける何度もの戦いでの勝利、そしてコンスタンティウス二世との戦いに向けて成功をおさめた迅速な作戦だった。ユリアヌスはこれまで一度も戦いで負けたことがなかった。

順調な進軍

ユリアヌス軍は、今日のアレッポから東へ進んで、ユーフラテス川上流地域のヒエラポリスにいたった。さらに、ユーフラテス川を渡ってカラエに着いた。カラエは、パルティア王国を征服しようと意気込んで遠征した三頭政治家のクラッスス（前一一五〜前五三）が、前五三年にパルティア軍と戦って戦死したところである。

ユリアヌスはこのあたりで軍を分け、セバスティアヌスとプロコピウスに三

▼アレッポ　トルコとの国境に近いシリア北部の町。非常に古くからの歴史をもつ都市で、古代ギリシア人やローマ人からはベロエアと呼ばれた。

▼ヒエラポリス　アレッポの北東一〇〇キロほどにある町で、ユーフラテス川の渡河地。現在の名はマンビジュ。

▼カラエ　マケドニア人が創設した町で、現在の名はハッラーン。ローマ帝政期もメソポタミア北部の重要都市として機能したが、七世紀前半にアラブ人に征服された。

万人の兵士を率いて東に進ませ、メディア地方▲を制圧したあとに南下して合流するよう指示した。自らは軍を南へ向け、三月二十七日にはユーフラテス河岸のカリニクム▲に到着した。そこで、遠征のための船による補給が整ったことを確認した。武器や食糧を積み込んでユーフラテス川を南下する船が約一〇〇〇艘、そして軍船や船橋をつくるための船も用意されたのである。軍は南下して、ユーフラテス川にアボラ川▲が合流するキルケシウム▲に到達し、船橋によってアボラ川を渡った。

ユーフラテス川に沿ってユリアヌスの軍はさらに南下した。ユーフラテス川とティグリス川が接近する地域に近づくと、都市がローマ軍に抵抗するようになった。ピリサボラ▲まで進軍したローマ軍は、町を包囲攻撃して、食糧を奪うと放火した。そして、ここからティグリス川に向かう運河に船を入れた。ユーフラテス川の東のマイオザマルカ▲も占領した。ユリアヌスのさしあたりの目標であったティグリス川沿いの都市でササン朝ペルシアの首都であるクテシフォン▲まで、あともう少しだった。

▼メディア地方　イラン北西部の地方。大部分は山岳地帯である。

▼カリニクム　ユーフラテス川とバリーフ川(古代名はベリアス川)の合流点。現在の名はラッカ。

▼アボラ川　現在の名はハーブール川。

▼キルケシウム　アボラ川とユーフラテス川の合流点。現在の名はアル・ブサイラ。

▼ピリサボラ　現在の名は、アンバールあるいはファッルーシャ。

▼マイオザマルカ　現在のバグダード南のマダーイン。

▼クテシフォン　パルティア王によって要塞として建設され、その後王国の都になり、東西交易の要衝として栄えた。ローマ軍が占領したこともあったが、ササン朝ペルシアが首都にして大規模な都市にした。現在、バグダードの南に遺跡が残る。

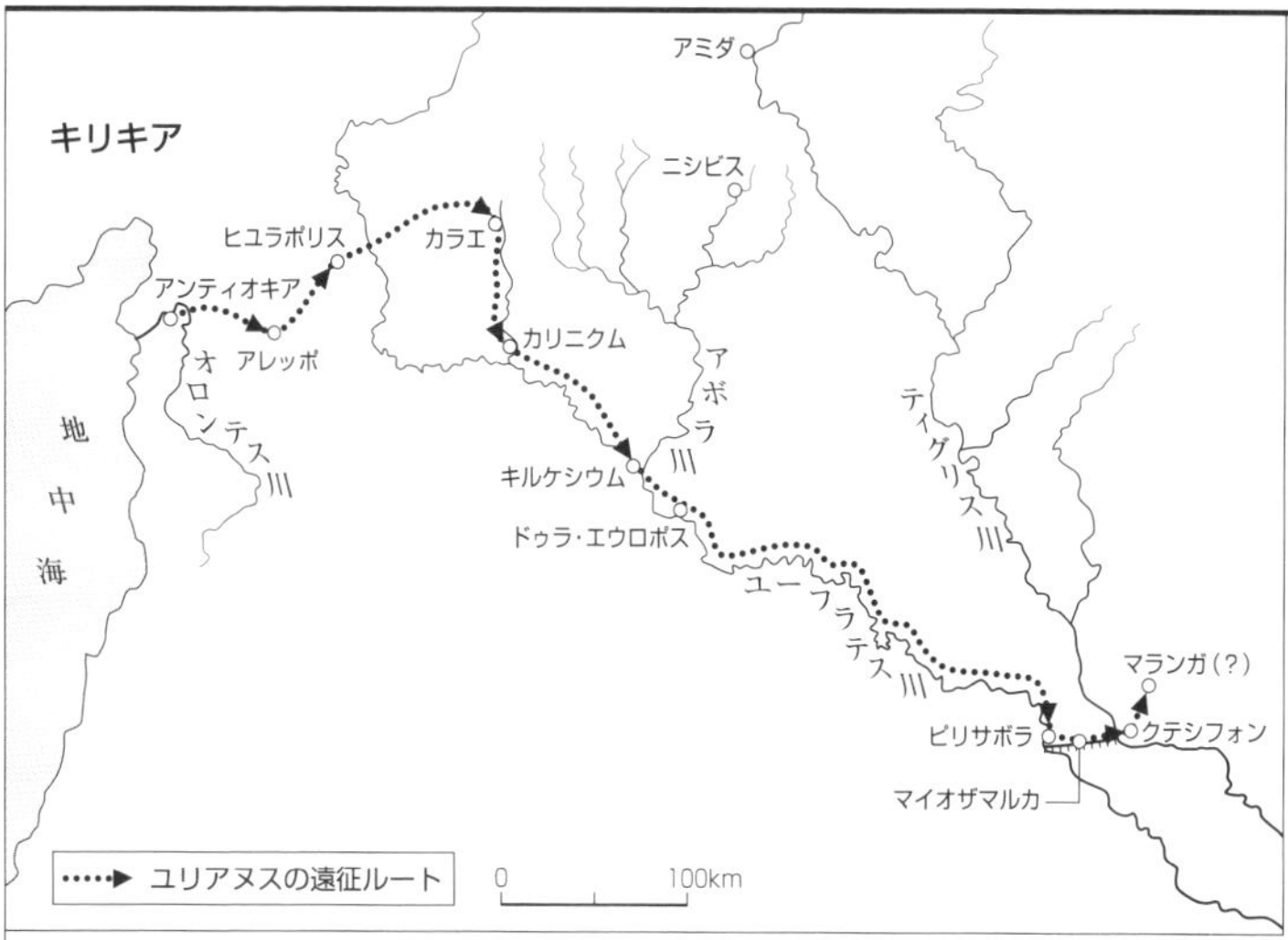

●—ユリアヌスのペルシア遠征

●—ユーフラテス川(ドゥラ・エウロポス付近)

不吉な前兆と首都攻撃

ユリアヌスのこの遠征について、残された史料は、遠征出発前から不吉な予兆を伝えている。ローマ市で遠征を占ったシビュッラの書▲の予言は、遠征を取りやめるべきことを示していたし、コンスタンティノープルでは地震が起こった。この遠征に付き従った史家アンミアヌスは、ガリアの統治を委ねてあった道長官のサルスティウスからユリアヌスに書簡が届いたことを伝えているが、その書簡のなかでサルスティウスは、ササン朝ペルシアへの遠征は時期尚早で、実行すれば皇帝自身を破滅に追い込むから延期するように、と懇請していた。こうした史料の記述は、ユリアヌスの遠征の結果を知ったあとに書かれているので、その評価は難しいが、遠征に周囲が無理を感じていたことを反映している可能性は高いし、それを押しのけても進もうとする皇帝の強い意志を示していると読むこともできる。

遠征出発後も、よくない前兆ばかりがみられた。三月十九日にローマ市のパラティヌス丘▲にあるアポロ神殿が火災で焼失する不吉な事態が生じた。キルケシウムの南方、かつて隊商都市で有名だったドゥラ・エウロポス▲の廃墟近くで

▼シビュッラの書　シビュッラとは神アポロンの神託を伝えた巫女のことで、シビュッラの書とはその託宣集である。ローマでは、それをカピトリヌス丘のユピテル神殿に保管して、国家が危機におちいったときや災難が起きたときに参照した。アウグストゥスが各地からこの託宣を集めてパラティヌス丘のアポロ神殿に移し、保管した。

▼パラティヌス丘　ローマ市の七丘の一つで、ローマ市の中心部。フォルム・ローマーヌムの南にあたる。最高神ユピテルやアポロの神殿が建設されていた。

▼ドゥラ・エウロポス　シリアの東部にあった都市。前三世紀の初め頃、セレウコス一世によってユーフラテス川中流の右岸に建設された。セレウコス朝、パルティア王国、そしてローマ帝国の統治下で、シルクロードの隊商都市として繁栄したが、三世紀の中頃にササン朝ペルシアによって町は破壊された。

は、兵士たちの矢でライオンが殺されたが、これは王(皇帝)の死を予言するものとみなされた。

クテシフォン近くまでの進軍はおおむね順調であったが、目標地点が近づいたにもかかわらず、セバスティアヌスとプロコピウスに率いさせた別働隊のローマ軍は、合流予定のこの地域にいっこうに姿を見せなかった。それでも、ユリアヌスはクテシフォン占領の作戦をあきらめず、都市の周囲にあるペルシア軍陣地を攻撃させた。攻撃は成功したが、ローマ兵が略奪行動に走ってしまったために、本来の目的であるクテシフォン総攻撃の機会が失われた。少なくとも、ユリアヌスの旧師リバニウスは、のちにこのときの兵士たちの略奪行動を非難して、ユリアヌスを弁護している。じつは、ローマ軍の兵士たちは、この地域に着くまでに、何度も皇帝に不満を表明していた。ユリアヌスは褒美を与えなだめようとしたが、その金額の小ささに兵士たちはさらに不満を言い立てた。皇帝と戦意の低い兵士たちとの溝を埋めるのは容易でなく、その難がこうした略奪行為にあらわれてしまった。

ユリアヌスの最後の逸脱と戦死

ユリアヌスは、北からの合流軍が到着しない一方で、ササン朝ペルシアの王シャープール二世の率いる軍がクテシフォンの郊外に来ていることを知った。もはやクテシフォン攻撃が難しいと判断したユリアヌスは、急遽、遠征軍を安全な状態におく策を求めねばならないことになった。事態は大きく変わってしまった。ここで、彼は周囲の意表を突くような命令を発した。武器、食糧などを積んで軍と移動をともにしてきた大船隊を、全部焼却させたのである。

この策は、数多くの船でティグリス川を遡ることが難しいため、そして船やその積み荷を敵軍に奪われぬようにするために実施されたと思われる。ユリアヌスに敵対的なキリスト教系の史料は、ユリアヌスがササン朝ペルシア側の罠にはまり、誤った情報にもとづいて船を焼かせたと伝えている。ササン朝ペルシア側のスパイの導きで、川を離れて進軍するために船隊を焼かせたというのである。ユリアヌス側に立つ史家アンミアヌスですらも、皇帝が奸計に気がついて船を焼かせるのをやめるよう命じたが、すでに手遅れだったと書いている。

ユリアヌスは、船隊を焼却することで、もはやあとに引けぬ状況をつくり出し、兵士たちが一丸となってササン朝ペルシア軍と戦うように仕向けることを意図していたのかもしれない。しかし、このユリアヌスの思い切った策は、ローマ軍をササン朝ペルシア軍の攻撃にさらし、陸路で北へと退却する結果しか残さなかった。

　ユリアヌスのローマ軍は、ササン朝ペルシア軍のおこなった緑地を焼き払う作戦のために、攻撃だけでなく、飢えと渇きにも苦しめられた。そして、ティグリス河畔のマランガ▲で六月二十六日に起こった小競り合いのとき、戦いの前面に出ていたユリアヌスは、飛んできた槍で脇腹を刺されたのである。アレクサンドロス大王のごとくに自ら先頭に立って戦っていたユリアヌスは、致命傷を負って陣営に担ぎ込まれた。そして、長年彼に付き添ってきた医師のオリバシウスが手当てをしたが、その甲斐なく、彼は死んだ。三二歳であった。

伝説化されるユリアヌスの死

　ユリアヌスの死をめぐっては、さまざまなことが記され、後世に残された。ユリアヌスの命を奪った槍を誰が投げたのか、これについて種々の記述がある。

▼マランガ　古都サマッラ（バグダードから北西に一二〇キロほど）から南へ五〇キロほど行った地点のことか。

ササン朝ペルシア軍との戦闘の最中であるから、当然槍はペルシア軍側から飛来したというのが一般に考えられるところであり、関連史料を精査したバワーソックは、ササン朝ペルシア軍に所属する「サラケノイ」(サラセン人)の槍でユリアヌスが刺されたと結論づけている。

他方、ユリアヌスの旧師リバニウスは、槍を投げたのがローマ人のキリスト教徒だといっている。この所業のために、一五年後の三七八年、ローマ軍はゴート族を中心とする外部部族の連合軍にアドリアノープルで大敗北を喫したのだ、とリバニウスはいうのである。ここには、弟子ユリアヌスの死を悼む師の感情をこえて、伝統宗教の正当性とキリスト教の非を訴えたいリバニウスの政治的な意図があらわれている。

陣営で、瀕死の重傷を負った皇帝は、医師オリバシウスだけでなく、メソポタミアの戦地まで同道していた哲学者のマクシムスやプリスクスと、霊魂や来世の問題など、哲学を語りながら死んだ、との記述もある。哲学者をめざしたユリアヌスの最期にふさわしい死の場面が想像されるが、裁判で毒杯を仰ぐ刑に服することになった古代ギリシアの哲学者ソクラテスの最期に似せた話であ

▼サラケノイ　サラセン人。ローマ人がシリア地方に居住するアラブ系の人々をこのように呼んだが、中世になるとイスラム教徒を指す言葉になった。

▼アドリアノープルでの大敗北　フン人の西進にともなって西へと逃れてきたゴート族などの人々は、ローマ皇帝ヴァレンスの許可をえて、三七六年にドナウを渡ってローマ帝国領にはいったが、ローマの役人・軍隊が避難してきた人々を過酷にあつかったため、反乱が生じた。反乱した人々の軍を討つために出動したヴァレンスのローマ帝国軍は、三七八年、アドリアノープル（現トルコのエディルネ）で大敗し、皇帝自身も死んだ。

▼ソクラテスの最期　プラトンの対話編『クリトン』に描かれたソクラテスの最期。獄に繋がれ、まもなく死刑になるソクラテスを友人であるクリトンが訪ねて、二人が交わす会話がおさめられている。逃亡・亡命するように説得するクリトンと、それを拒否するソクラテスが語る正義・法・国家などをめぐる哲学的議論が有名である。

ることはいうまでもない。

また、後世の伝承でいわれる、「ガリラヤ人よ、汝は勝てり」▲というキリスト教徒に対する敗北宣言のような言葉をユリアヌスが最期のときに語ったというのは、さらに想像しにくい。なぜなら、ユリアヌスは、皇帝として伝統宗教の復興を掲げ、キリスト教に対する対抗措置を打ち出していたが、すでに前章でみたように、個人の信条として、キリスト教はもちろんのこと、伝統宗教の枠組みからも彼は逸脱していた。ユリアヌスの宗教観は独自のものになっており、またキリスト教については早くから無神論とみなしていた。最期のときを迎えた彼の心に、キリスト教は存在しなかったと思われるのである。

ユリアヌス後のローマ帝国

ユリアヌスが死んだあと、ローマ軍内で皇帝を選ぶ協議がなされ、ユリアヌスが信頼をおいていたサルティウスは辞退し、キリスト教徒のヨウィアヌス▲が選ばれた。これによって、ユリアヌスの伝統宗教復興策は継承されないことが決まった。

▼**「ガリラヤ人よ、汝は勝てり」** ユリアヌスが最期のときにこのようにいったとの記述は、シリアのキュロスの司教テオドレトスや五世紀の教会史家ソゾメノスの作品などに保存されている。

▼**ヨウィアヌス**（在位三六三〜三六四）ローマ皇帝。ユリアヌス死後に軍隊に推戴されて即位した。キリスト教徒であった。ササン朝ペルシアに領土を譲る講和をして遠征軍を引いたが、帰還途中の小アジアで死んだ。

新皇帝ヨウィアヌスは、ローマ軍の無事帰還のためにササン朝ペルシア側に大幅な譲歩をし、ローマ帝国は、ユリアヌス遠征前に比べて、メソポタミア東部などを失うことになった。アルメニアやメソポタミアなど、帝国東部属州に近接する地域でのローマ帝国のササン朝ペルシアに対する優位は完全にくずれることになった。

ユリアヌスの遺体は小アジアに運ばれて、タルソス▲の町で埋葬された。タルソスは、ユリアヌスがアンティオキアにかわる拠点都市として構想していた町であった。即位してわずか一年と八カ月ほどの統治で世を去った皇帝ユリアヌスについては、その縁者を称するプロコピウス▲が三六五年に反乱を起こし失敗したあと、旧師リバニウスや史家アンミアヌスなど一部の者を除いて、しだいに忘れられていった。そして、キリスト教が国家の宗教として確立されていくに従い、ユリアヌスはキリスト教会の発展を押しとどめた悪魔的な存在として、歴史のなかに位置づけられるようになる。

▼タルソス　小アジア南東部、キリキア地方の古代都市で、現在のトルコの都市タルススにあたる。アカイメネス朝ペルシアやセレウコス朝の支配をへて、ローマ帝国の統治下にはいった。キリスト教の使徒パウロの生誕地である。

▼プロコピウス(プロコピオス、皇帝位僭称三六五～三六六)　ローマ皇帝位僭称者。ユリアヌスの親戚。コンスタンティウス二世治世下で昇進し、ユリアヌスの治世には軍を指揮したが、ユリアヌス死後に引退した。ウァレンス帝が即位してまもなく、皇帝不在のコンスタンティノープルで軍隊によって皇帝に推戴された。しかし、ウァレンスの軍と戦って敗れ、殺害された。

ローマ皇帝としてのユリアヌス

　ユリアヌスは、孤独の少年期と囚われの青年期ののち、突然副帝となり、政治と軍事の最前線に放り込まれた。彼はそこで、周囲の予想に反して軍事的才能を発揮し、皇帝コンスタンティウス二世の敷いたレールからはずれ、ついには彼に反乱して皇帝位にまで到達した。さらに、皇帝になってのちは、前皇帝からの王朝的継承の正統性を示す一方、前皇帝の統治からの転換をはかった。そのために、当時の宮廷の政治文化や規範からはずれるような施策を展開した。かねてよりの願いであった伝統宗教を復興する試みもおこなったが、まずは信仰の自由を実現し、宗教的寛容を示して前皇帝との違いをみせようとした。しかし、やがて独自の哲学観と禁欲的な生活信条にもとづいて伝統宗教の復興を実行に移したため、当時の一般都市民の感情からはずれてしまい、キリスト教徒の反発をまねいただけでなく、伝統宗教を信仰する者にも理解されなくなった。

　このように、ユリアヌスは生涯、逸脱のごとき歩みを繰り返した。しかし、この逸脱によって、ユリアヌスは、彼の生きた四世紀のローマ帝国の実態やローマ皇帝の本質を逆照射するかのごとくに浮かび上がらせてくれる。

　四世紀のローマ帝国は、三世紀に失いかけていた国家統一を回復したものの、地域ごとに勢力が分立した時代の後遺症を完全には克服できず、帝政前期のような帝国の一体感を喪失していた。ことに帝国の西半と東半との二分傾向は深刻だった。ディオクレティアヌス帝のテトラルキア（四分治制）はすぐに頓挫して、コンスタンティヌス一世が唯一人のローマ皇帝となるまで、地域支配者たちの激しい争いが続いた。国家統合の困難さは、ユリアヌスの生きた時代も、何度も対立・戦争にいたるほど顕在化した。ユリアヌス自身も「ギリシア人」を称し、ギリシア文化を尊び、それを基盤とした伝統宗教復興を試みる一方で、権力を築き統治に努力したガリアについては、その文化を評価することもなく、「蕃地」との認識を隠そうとしなかった。東と西をともに一人でおさめるには、コンスタンティヌス大帝ほどの経験と権威、そして力量が必要であり、彼の後継者たちはみな苦闘したが、ユリアヌスの死の一年八カ月後に即位したウァレンティニアヌス一世▲は、ついにこれを断念して、弟ウァレンス▲と統治を西と東で分担することにしたのであった。

▼ウァレンティニアヌス一世（在位三六四～三七五）　ローマ皇帝。ドナウ沿岸属州であるパンノニア地方の出身で、軍人として昇進し、ヨウィアヌス帝死後に推戴されて即位。弟ウァレンスを共治帝にして帝国東半の統治をまかせ、自らは帝国西半の統治に専心した。ライン川やドナウ川のフロンティアの安定に尽力し、息子グラティアヌスを共治帝にして帝国西半統治の後継者とした。

▼ウァレンス（在位三六四～三七八）　ローマ皇帝。兄のウァレンティニアヌス一世の指名で、帝国東半を担当する共同皇帝（正帝）となる。三七六年に東から移動してきたゴート族などの人々を帝国領内に受け入れたが、ローマ側の担当者が彼らを劣悪な状態においたため、反乱が起きた。反乱軍を攻めようとしたウァレンス帝の軍は、アドリアノープルで大敗北を喫して、皇帝自身も戦死した。

また、四世紀のローマ帝国については、専制君主政という政体をとり、皇帝は法をこえる絶対的な権力をもち、多くの官僚や宦官を使って帝国民を強圧的に統治したと一般的に説明される。これに対して、ユリアヌスはその書簡や作品からうかがえるように、皇帝も法を遵守しなければと考え、それを実践しようと試みた。さらに官僚や宦官の多用を避け、自らも帝国民も自由であろうと模索した。こうしたユリアヌスの姿勢は当時の政治の場では逸脱行動であり、その対極として描かれるコンスタンティウス二世において、後期ローマ帝国の政治体制についての通説的説明に合致する皇帝の姿を、私たちは印象深く理解するのである。

ユリアヌスはコンスタンティヌス大帝、コンスタンティウス二世という先帝たちとは異なる政治方針をとり、当時のローマ皇帝らしく振る舞うことをしなかった。そもそもギリシア人を自称した彼がはたしてどの程度「ローマ人」、そしてその国の皇帝であると認識していたかは、あらためて問題にされなければならないだろう。

ただ、彼がローマ人の皇帝らしく振る舞ったことが一度だけある。それはペルシア遠征であり、それで勝利をえようとしたことだ。四世紀にあっても、ローマ皇帝にとり、対外戦争で勝利をえることは、帝国民に自らを認知させ、統治を円滑に展開するうえで、非常に重要な行為であった。皇帝ユリアヌスの悲劇は、唯一の逸脱行動ではない遠征において、勝利をあげられなかったことだった。

ユリアヌスとその時代

西暦	齢	おもな事項
235		アレクサンデル・セウェルス帝が殺害され，セウェルス朝断絶。「軍人皇帝時代」が始まる。
270		アウレリアヌス帝即位。パルミラ（～273年）とガリア帝国（～274年）を滅ぼす。
284		ディオクレティアヌス帝即位。
293		四分治制（テトラルキア）が成立。
305		ディオクレティアヌス帝とマクシミアヌス帝，退位する。第2テトラルキア体制が始まる。
313		ミラノ会談。キリスト教信仰の自由を認める勅令が公示される。
324		リキニウスとの戦いに勝利したコンスタンティヌス1世（大帝），帝国唯一の皇帝となる。
325		ニカイア公会議。アリウス派，異端とされる。
331	0	ユリアヌス，コンスタンティノープルで誕生。
332	1	母バシリナ死去。
337	6	コンスタンティヌス大帝没す。3子で帝国分割。コンスタンティノープルでユリアヌスの父を含む皇族らが虐殺される。ユリアヌス，ビテュニアに移される。
340	9	コンスタンティヌス2世，弟コンスタンスの領土に侵入し，北イタリアで敗死。
342	11	ユリアヌス，兄のガルスとともにカッパドキアのマケルムに移される。
348	17	ユリアヌス，兄のガルスとともにコンスタンティノープルにもどされる。
350	19	コンスタンスが殺害され，マグネンティウスが帝位を簒奪する。将軍ウェトラニオが帝位を僭称するが，年末には廃位される。
351	20	ガルス，コンスタンティウス2世により副帝とされる（5月）。コンスタンティウス2世，ムルサの戦いでマグネンティウスを破る（9月）。翌々年，マグネンティウスは自殺。
354	23	副帝ガルス，廃位され処刑される。ユリアヌス，ミラノに召還され監禁される。
355	24	ユリアヌス，アテナイ遊学を認められる。シルウァヌス，ケルンで帝位を僭称する（8月）が，まもなく殺害される（9月）。ユリアヌス，副帝に任じられ，ヘレナと結婚（11月）。ガリアへ赴任（12月）。
356	25	ローマ軍，ケルンを回復する。
357	26	副帝ユリアヌス，ストラスブールの戦いでアラマンニ族軍を破る。
359	28	ササン朝ペルシアの攻撃によりアミダ陥落。
360	29	ユリアヌス，ガリアで軍隊によって正帝と宣言される。
361	30	ユリアヌス，東へ進軍開始(7月)。コンスタンティウス2世死去(11月)。ユリアヌス，コンスタンティノープルにいたり，単独皇帝となる（12月）。
362	31	ユリアヌス，教師に関する勅令を公布。アンティオキアに到着。
363	32	ユリアヌス，ペルシア遠征に出発（3月）。マランガで戦死（6月）。ヨウィアヌス即位。
364		ヨウィアヌス死去。ウァレンティニアヌス1世即位。ウァレンスを共同統治者とする。
365		プロコピウスの反乱が起こる。翌年鎮圧される。

参考文献

井上文則『軍人皇帝のローマ――変貌する元老院と帝国の衰亡』講談社，2015 年
E・ギボン(中野好夫訳)『ローマ帝国衰亡史』筑摩書房，第 3 巻，1981 年，第 4 巻，1985 年
E・ギボン(吉村忠典・後藤篤子訳)『図説　ローマ帝国衰亡史』東京書籍，2004 年
小坂俊介「カルケドン裁判考」『歴史』116，2011 年
田中創「コンスタンティウス 2 世のコンスタンティノープル元老院議員登用運動再考」『西洋古典学研究』54，2006 年
田中創「帝政後期における道長官の変容」桜井万里子・師尾晶子編『古代地中海世界のダイナミズム――空間・ネットワーク・文化の交錯』山川出版社，2010 年
辻邦生『背教者ユリアヌス』中央公論社，1972 年
長友栄三郎『キリスト教ローマ帝国』創文社，1970 年
中西恭子「ユーリアーヌス帝の宗教復興構想のなかの「祭儀」」『東京大学宗教学年報』17，2000 年
中西恭子「アンティオキア市民のみたユリアヌス治下の「宗教と祭儀の復興」」『エイコーン』24，2001 年
中西恭子「ユリアヌスの宗教思想における「ヘレニズム」とキリスト教」『中世思想研究』44，2002 年
中西恭子「ユリアヌス帝の宗教政策から見た帝政後期のローマ帝国における国家儀礼」『歴史学研究』増刊号，2002 年
中西恭子「紀元後四－五世紀の歴史叙述における「過てる哲人王」ユリアヌス」『宗教研究』83-4，2010 年
中西恭子「日本における「背教者」ユリアヌスの受容に関する考察」『宗教研究』84-4，2011 年
中西恭子「ユリアヌスの死生観における「死者のいる空間」と殉教者崇敬」『死生学研究』17，2012 年
G・W・バワーソック(新田一郎訳)『背教者ユリアヌス』思索社，1986 年
南雲泰輔「ユリアヌス帝の意識のなかのローマ皇帝像――『ひげぎらい』における法律意識の分析を中心に」『西洋古代史研究』6，2006 年
南雲泰輔「英米学界における「古代末期」研究の展開」『西洋古代史研究』9，2009 年
南雲泰輔「ローマ帝国の東西分裂をめぐって――学説の現状と課題」『西洋古代史研究』12，2012 年
西村昌洋「テトラルキア時代ガリアにおける弁論家と皇帝――『ラテン語称賛演説集』より」『史林』92-2，2009 年
西村昌洋「テミスティオスの「宗教寛容論」」『西洋史学』239，2010 年
秀村欣二『秀村欣二選集第 4 巻　論文――ギリシア・ローマ史』キリスト教図書出版社，2006 年
南川高志「「背教者」ユリアヌス帝登位の背景――紀元 4 世紀中葉のローマ帝国に関する一考察」『西洋古代史研究』10，2010 年
南川高志「思想の言葉　歴史像の構築のために――歴史学の研究者にできること」『思想』1050，2011 年
南川高志『新・ローマ帝国衰亡史』岩波書店，2013 年
P. Athanassiadi, *Julian and Hellenism,* Oxford, 1981 (2nd. ed. 1992).
J. Bidez, *La vie de l' empereur Julien,* Paris, 1930.

G. W. Bowersock, *Julian the Apostate,* London, 1978.
R. Browning, *The Emperor Julian,* London, 1975.
Cambridge Ancient History Second Edition: Vol. XII: The Crisis of Empire, A. D. 193-337 (A. Bowman, P. Garnsey & Averil Cameron eds.), Cambridge, 2005; Vol. XIII: The Late Empire, A. D. 337-425 (Averil Cameron & P. Garnsey eds.), Cambridge, 1998.
R. M. Errington, *Roman Imperial Policy from Julian to Theodosius,* Chapel Hill, 2006.
A. H. M. Jones, *The Later Roman Empire 284-602,* 2 vols., Oxford, 1964, Baltimore & London, 1986.
S. N. C. Lieu, *The Emperor Julian: Panegyric and Polemic,* Liverpool, 1989.
J. Matthews, *The Roman Empire of Ammianus,* London, 1987 with a New Introduction, Ann Arbor / MI, 2007.
A. Murdoch, *The Last Pagan: Julian the Apostate and the Death of the Ancient World,* Stroud, 2003.
K. Rosen, *Julian: Kaiser, Gott, und Christenhasser,* Stuttgart, 2004.
S. Tougher, *Julian the Apostate,* Edinburgh, 2007.

図版出典一覧

Klaus Rosen, *Julian: Kaiser, Gott und Christenhasser,* Klett-Cotta/ Stuttgart, 2006 *31, 73* 上

Margot Klee, *Grenzen des Imperiums: Leben am römischen Limes,* Theiss/ Stuutgart, 2006 *91*

著者提供　カバー裏, *2, 45, 72, 73* 中・下

PPS 通信社提供　カバー表

ユニフォトプレス提供　扉

※ 9 頁の図は，著者の旧著 南川高志『ローマ五賢帝――「輝ける世紀」の虚像と実像』（講談社学術文庫，2014 年）の 111 頁の図に基づいている。

※ 9，21 頁の系図，21，22，31，40，41 頁の地図については，著者の旧著『新・ローマ帝国衰亡史』（岩波新書，2013 年）の 60，87 頁の系図，109，92，95，76，112 頁の地図を参考に作成した。

謝辞

本書は，JSPS 科研費（課題番号 26284114）による研究成果の一部である。

南川高志(みなみかわ たかし)
1955年生まれ
京都大学大学院文学研究科博士後期課程研究指導認定退学,
博士(文学)
専攻, 古代ローマ史
京都大学名誉教授・佛教大学歴史学部特任教授

主要著書
『ローマ皇帝とその時代——元首政期ローマ帝国政治史の研究』(創文社, 1995)
『ローマ五賢帝——「輝ける世紀」の虚像と実像』(講談社現代新書, 1998, 同学術文庫、2014)
『海のかなたのローマ帝国——古代ローマとブリテン島』(岩波書店, 2003, 増補新版 2015)
『新・ローマ帝国衰亡史』(岩波書店, 2013)

世界史リブレット人❽
ユリアヌス
逸脱《いつだつ》のローマ皇帝《こうてい》

2015年12月20日 1版1刷発行
2021年9月5日 1版2刷発行

著者:南川高志《みなみかわたかし》
発行者:野澤武史
装幀者:菊地信義
発行所:株式会社 山川出版社
〒101-0047 東京都千代田区内神田1-13-13
電話 03-3293-8131(営業) 8134(編集)
https://www.yamakawa.co.jp/
振替 00120-9-43993
印刷所:株式会社 プロスト
製本所:株式会社 ブロケード

世界史リブレット 人

1 ハンムラビ王 —— 中田一郎
2 ラメセス2世 —— 高宮いづみ・河合 望
3 ネブカドネザル2世 —— 山田重郎
4 ペリクレス —— 前沢伸行
5 アレクサンドロス大王 —— 澤田典子
6 古代ギリシアの思想家たち —— 高畠純夫
7 カエサル —— 毛利 晶
8 ユリアヌス —— 南川高志
9 ユスティニアヌス大帝 —— 大月康弘
10 孔子 —— 高木智見
11 商鞅 —— 太田幸男
12 武帝 —— 冨田健之
13 光武帝 —— 小嶋茂稔
14 冒頓単于 —— 沢田 勲
15 曹操 —— 石井 仁
16 孝文帝 —— 佐川英治
17 柳宗元 —— 戸崎哲彦
18 安禄山 —— 森部 豊
19 アリー —— 森本一夫
20 マンスール —— 高野太輔
21 アブド・アッラフマーン1世 —— 佐藤健太郎
22 ニザーム・アルムルク —— 井谷鋼造
23 ラシード・アッディーン —— 渡部良子
24 サラディン —— 松田俊道
25 ガザーリー —— 青柳かおる
26 イブン・ハルドゥーン —— 吉村武典
27 レオ・アフリカヌス —— 堀井 優
28 イブン・ジュバイルとイブン・バットゥータ —— 家島彦一
29 カール大帝 —— 佐藤彰一
30 ノルマンディー公ウィリアム —— 有光秀行
31 ウルバヌス2世と十字軍 —— 池谷文夫
32 ジャンヌ・ダルクと百年戦争 —— 加藤 玄
33 王安石 —— 小林義廣
34 クビライ・カン —— 堤 一昭
35 マルコ・ポーロ —— 海老澤哲雄
36 ティムール —— 久保一之
37 李成桂 —— 桑野栄治
38 永楽帝 —— 荷見守義
39 アルタン —— 井上 治
40 ホンタイジ —— 楠木賢道
41 李自成 —— 佐藤文俊
42 鄭成功 —— 奈良修一
43 康熙帝 —— 岸本美緒
44 スレイマン1世 —— 林佳世子
45 アッバース1世 —— 前田弘毅
46 バーブル —— 間野英二
47 大航海時代の群像 —— 合田昌史
48 コルテスとピサロ —— 安村直己
49 マキァヴェッリ —— 北田葉子
50 ルター —— 森田安一
51 エリザベス女王 —— 青木道彦
52 フェリペ2世 —— 立石博高
53 クロムウェル —— 小泉 徹
54 ルイ14世とリシュリュー —— 林田伸一
55 フリードリヒ大王 —— 屋敷二郎
56 マリア・テレジアとヨーゼフ2世 —— 稲野 強
57 ピョートル大帝 —— 土肥恒之
58 コシューシコ —— 小山 哲
59 ワットとスティーヴンソン —— 大野 誠
60 ワシントン —— 中野勝郎
61 ロベスピエール —— 松浦義弘
62 ナポレオン —— 上垣 豊
63 ヴィクトリア女王、ディズレーリ、グラッドストン —— 勝田俊輔
64 ガリバルディ —— 北村暁夫
65 ビスマルク —— 大内宏一
66 リンカン —— 岡山 裕
67 ムハンマド・アリー —— 加藤 博
68 ラッフルズ —— 坪井祐司
69 チュラロンコン —— 小泉順子
70 魏源と林則徐 —— 大谷敏夫
71 曽国藩 —— 清水 稔
72 金玉均 —— 原田 環
73 レーニン —— 和田春樹
74 ウィルソン —— 長沼秀世
75 ビリャとサパタ —— 国本伊代
76 西太后 —— 深澤秀男
77 梁啓超 —— 高柳信夫
78 袁世凱 —— 田中比呂志
79 宋慶齢 —— 石川照子
80 近代中央アジアの群像 —— 小松久男
81 ファン・ボイ・チャウ —— 今井昭夫
82 ホセ・リサール —— 池端雪浦
83 アフガーニー —— 小杉 泰
84 ムハンマド・アブドゥフ —— 松本 弘
85 イブン・アブドゥル・ワッハーブとイブン・サウード —— 保坂修司
86 ケマル・アタテュルク —— 設樂國廣
87 ローザ・ルクセンブルク —— 姫岡とし子
88 ムッソリーニ —— 高橋 進
89 スターリン —— 中嶋 毅
90 陳独秀 —— 長堀祐造
91 ガンディー —— 井坂理穂
92 スカルノ —— 鈴木恒之
93 フランクリン・ローズヴェルト —— 久保文明
94 汪兆銘 —— 劉 傑
95 ヒトラー —— 木村靖二
96 ド・ゴール —— 渡辺和行
97 チャーチル —— 木畑洋一
98 ナセル —— 池田美佐子
99 ンクルマ —— 砂野幸稔
100 ホメイニー —— 冨田健次

〈シロヌキ数字は既刊〉